水晶光能啟蒙

Crystal Enlightenment

礦石是你蛻變與轉化的資產

作者 卡崔娜・拉斐爾 Katrina Raphaell
譯者 鄭婷玫 Roshani

目錄

第六章 脈輪礦石對應圖表 217

中文版作者序——水晶訊息為你帶來祝福

我極為欣喜能將《水晶光能啟蒙》本書呈現給中文讀者。二〇〇六年《水晶光能啟蒙》邁入二十一個年頭。它首度出版在一九八五年的美國。回溯當時，我對它的發生是毫無頭緒的，但我確知，有一股更偉大且遠高過於我自身的靈性力量，導引著這本著作的發生。

在一九八五年，當時有關水晶治療力量的資訊是非常少有的。我受到水晶的吸引，曾經於一九八〇年代早期，運用水晶在毒品與酒精勒戒的自然療法康復計畫中。我十足覺察到，在毒品或酒精成癮者的沉溺行為之下，潛藏著一顆受傷的心。我因為對每個個案進行研究，而對案主有更多的了解，很明顯的發現，成癮的原因，遠比用來抑制痛楚的毒品，在人們的身上埋藏與滲透得更深層。以運用色彩的方式來協助處理這些成癮者的內在情緒與心痛，我開始能理解，在問題根源處，呈現的是心理、情緒與靈性的失衡。

在我擁有第一件水晶時，我運用我所學的色彩，漸漸的開始將水晶礦石運用在身體的靈性能量中心，即脈輪上。我成功的協助這些具有頑固不化習性的成癮者，去正視與處理他們內在的情緒傷痛，藉此幫助他們破除長久以來的習性。

當「極光出版社」（Aurora Press）的芭芭拉．莎曼菲德來到我的家中，提議如果我願意撰寫有關水晶的書時，她將為它出版，我對此感到十分的驚訝。我曾與我的好友珍安．道（JanAnn Dow），一起進行水晶工作超過一年的時間。從我們自身的體驗與研究中，整合編撰出許多文稿。我擁有資料與出版社的邀約，似乎撰寫本書之門已大幅敞開。隨著文字的書寫，我學習得更多。在當時僅能使用徒手操作的打字機，費時兩年的時間來完成資料的撰寫，這本書終於在一九八五年時出版。

《水晶光能啟蒙》的發行有令人驚訝的成功。我尚未覺得已準備好去領受，但不論是否準備好，書中的資訊已被數以千計的讀者認同，本書顯然是成功的。不喜歡成為眾所矚目焦點的我，去調整自己面對許多探詢的人們，對我而言是十分困難的。然而，我知道資訊一旦顯現在書中，就有必要去提供教導，使水晶的光與能量被妥適的運用。在接下來的五年內，我撰寫了另外兩本書，三本書組成了「水晶三部曲」。

一九八六年，我成立了「高等水晶治療藝術水晶學院」，開始教導水晶治療。從那個時刻起，水晶學院擁有許多的化身。我從未停止感到驚奇，對於這個工作的本身如何擁有它自己的生命，我再度學習去信任更高力量的指引。如今，在《水晶光能啟蒙》的第二十一歲生日時，它有機會能來到受祝福的華人世界。

自一九八六年起，水晶學院已成長並擁有八位認證的水晶治療老師，位於世界不同處，包括香港。這本書為國際性的出版，來自世界各地的許多靈魂被引導至這個工作中，來協助他們的療癒過程。水晶治療有關人的整體療癒，包括身體、心、意識與靈魂，它是有關榮耀每一個個體的個人真理，並幫助此人發現內在的真實聲音。水晶治療不僅活化及整合能量中心，亦協助靈魂與身體、心與意識，及內在光的本源調合一致。

隨著本書中文版的發行，我有機會加入我私人收藏的水晶礦石彩色照片。這是第一次《水晶光能啟蒙》擁有彩色相片，何樂不為呢？它已完全妝點好並來到中文讀者的身邊。我感覺到這是邁向人道與博愛的重要一步。願你的道路為光所照亮並受到指引，願水晶能為你的靈性成長過程提供服務。

獻上無限的愛！

——卡崔娜·拉斐爾

前言——讓水晶豐富你的人生

有許多不同版本的水晶故事，也有為數眾多的水晶書籍作者。回溯人類種族初期的傳說與民俗，當時相信水晶的力量設定了地球的電磁場，如此人類的靈魂才得以轉世。亞特蘭提斯古文明大陸的傳說，告訴我們水晶所產生的力量能供應整個城市，而濫用這些能量，將無可避免的導致文明毀滅。

某些埃及古文物學者推測，宏偉壯觀的埃及金字塔頂端曾被放置水晶，去傳導宇宙能量進入這些幾何圖案組成的完美結構中。許多文明、文化與人民，曾經為無數目的而使用水晶與礦石——從治療、保護，到最具力量的啟蒙。

本書的目的在於分享神聖知識中的一小部分，使水晶世界與生俱來的美麗與光，能繼續為那些被直覺吸引來的人分享與運用。本書中傳遞的訊息，是經由個人與礦石的調頻連繫與靜心而接收到的，費時數年之久。我與最摯愛的好友，珍安・道一起密切的工作著。在超過一年的時間裡，我們每個星期在她的家中聚會，並在她放置了數百件美麗水晶與治療礦石的工作室中靜心。我們挑選想要學習的礦石，閉上眼睛，調頻進入其能量，與所能接收的訊息之中。

我們將聚會過程記錄下來，並在之後由珍安抄錄謄寫。我們會在廚房吃著冰淇淋，或享用其他食物，然後在我該走的時候散會。直到後來，當我為準備教授水晶治療課程而檢閱所抄錄的文件時，我才完全認知到，這些水晶所分享出來的訊息是極富有價值的。

很顯然的，任何有意願的人皆可接近與取用這些訊息——我們受到祝福而獲得的訊息，因此有了撰寫本書的構想。我非常感激珍安的愛、友誼與長期的支持合作，來協助這本書的創作與完整呈現。

去承諾這樣的計畫，讓人有不勝負荷的感覺，我曾經懷疑我的時間與精力能否承載這般龐大的承諾。臣服於神聖旨意，我大膽的向宇宙聲明：「如果這本書是注定要發生的，請給我一個暗示，讓我知道這個世界想要且需要這個資訊。」

不超過一個星期的時間，極光出版社的芭芭拉・莎曼菲德來到我家中購買水晶，在離去時，她表明願意以資金支援並出版《水晶光能啟蒙》。這正是我一直等待的暗示，之後我立即著手撰寫。要將六張粗略的原始草稿資料，轉譯成容易閱讀與理解的語言，是一個漫長卻很有價值的任務；對我個人的成長有相當大的幫助。一年後，在歷經許多的改變之後，能將這些知識呈獻給你們，是我的恩典與殊榮。希望此書對你們也有良好的助益。

我並非主張本書的內容是唯一的方式，或是有關水晶的結論，它永遠為更高的真理保持敞開而可以去做修訂。本書是為了那些被它吸引而來的人存在，這些人的心中正以內在的試金石檢驗著真理。我祈禱著，本書中的知識能為個人與行星的改善而被運用——並讓水晶與礦石內部的光，引導每一個人更接近他內在的光。

《水晶光能啟蒙》是為一般民眾及專業人士而構思的，提供了使用礦物界固有治療資產的必要基本認識。一旦你向這個不可思議的光的世界敞開，將永遠有更多需要去學習與經驗的事物。去享受閱讀本書，並接受一些從礦石取得的祕密。敞開你的心智，接受那些合乎真理的部分，並整合至你的存在本體中。如果覺得不合乎你的真理，釋放它而不加以批判。

請記得，如果你曾渴望得到真理的啟示，或獲得更清晰的洞見，你可放一個水晶在你的額頭上，然後閉上你的眼睛；它將會發生，而你將會知道。

第一章 水晶礦石世界

水晶與礦石對不同的人而言，是屬於不同的東西。它們可能是收入的來源，給愛人的禮物，裝飾品，大自然的恩賜，治療的工具，完美的象徵，或是意識上的教師。礦石將會以個人最能接受的方式，去滿足每個人的需求。

對某些人來說，水晶與礦石可能是無生命的物體、最低等的生物。但對其他人而言，它們是光與能量的重要來源。不論它們以何種方式提供服務，隨著在無數人的生活中展現出它們精緻的色彩、完美的幾何形體與光芒時，這些來自大地的美麗禮物，將喜悅帶入觀賞者的眼中。

礦石界將會以個人最能接受的方式，去服務每一個人。在選擇適合自己的水晶時，讓我們更靠近的細看，去發現更多有關它們的訊息。

（書中所提及的水晶，並非指一般吊掛在窗戶上，在牆上形成彩虹顏色的人造水晶；而是指在大地之母中成長的天然水晶結晶體。）

物質界與神祕學上的水晶

如同所有的物質，水晶是由微小的粒子，俗稱原子所組成。這些物質界的組合結構是由更小的粒子，俗稱為質子、中子和電子所組成。當以極近的距離去檢視時，會發現這些基本的能量單位並非真實的物質，而是精微的振動頻率，每一個皆與宇宙力量校準頻率連繫上。整個物質世界就是由這些原子的不同變化與組合而形成。個別的原子與其他原子結合的方式，決定了分子形成及有形物質顯現的態樣。

在水晶結晶構造的組成上，例如透明石英，原子之間是以完美的一致性與和諧的方式結合，如同它們攜手齊心協力的進行與完成拼圖遊戲般。當所有活動中的分子以相同頻率振動時，亦能在分子層次上顯現出這個基本的整合性。這些微結構（或晶格）決定了水晶的物理特性：它的外型、硬度、裂痕（解理）、斷口的類型、特有的引力與光學特性。

在水晶界中有七個家族，每一個家族有它自己的幾何結構與分子相似性，而且每一個家族有自己的水晶系統，是以相同的幾何晶格形成的。個別的水晶會以外在形體的顯像，將內部的分子組成與宇宙幾何的設計，呈現在我們的肉眼之前。每一個水晶系統有它自己自轉的虛擬軸線，且在軸線之間的交會處有不同的角度。軸線的長度與軸線之間的角度決定了水晶的形狀。

水晶界的七個族群分別是：等軸晶系（立方體，例如螢石）、正方晶系（四邊體，例如水鉛鉛礦）、六方晶系（六邊體，例如綠寶石）、三方晶系（三邊體，例如電氣石）、斜方晶系（菱形，例如黃玉〔topaz；又稱拓帕石〕）、單斜晶系（單邊傾斜，例如藍銅礦），與三斜晶系（三邊傾斜，例如綠松石）。這七個主要的水晶結晶種類是渾然天成的宇宙設計品，透過水晶界顯化於地球上。

原子將自己安排在水晶結晶構造中的排列方式，正是使這些物質形體自成完整的因素。每個個別的能量單位與宇宙力量成一致性，並和諧的與同類的原子結合，形成一個極為純淨的物質形體。這個結合後的物質表現形體，與創造它的宇宙和諧共振。經由這般的運作，完美的形體、明亮的色彩、閃耀的光芒得以被見證與經驗。水晶的尖峰，使構成水晶的每一個分子、原子、質子、中子和電子，與宇宙源頭的無盡能量連結及調和一致。

水晶有能力接收、容納、投射、散發、折射與反射光能，是我們在物質世界中所知的最高等的能量實體。探索水晶或物質世界中任何東西的原子組成時，將明顯的發現，所有物質的顯現，只不過是主要本質上的振動頻率變化。當以此體悟去擴展意識眼界的範圍，來看現實世界時，即能超越心智上的限制、進入更高的次元，內在領域的大門將大幅敞開。水晶能在個人覺醒過程中提供協助與啟示，並教導我們，如何使自己與創造及構成整體宇宙的本質和諧一致。

水晶是如何形成的？

幾乎所有的水晶，是在一個生長中的水晶結晶群上，反覆加入新物質而形成的。有些水晶源自於地層深處的岩漿或燃燒的沼氣中，或接近地層表面的火山熔岩流中。這些礦物，包括石英，被稱為岩漿岩或火成岩。它們是在冷卻與變硬時，將熔融物質凝固而形成的。當這些熔岩群冷卻時，原子將群聚起來形成基本的規律性排列，而決定了水晶的外形與成分。

有些水晶是在火山區火山口形成的蒸氣中生長的。此類水晶含有硫磺成分，是在蒸氣從地底下冒出時，由熱的礦物質氣體冷卻凝結濃縮成固體，而形成的水晶。

有些水晶形成於水性溶液中，或與地面表層的有機體共生。這些水晶被認知為沈積岩礦，經歷物理與化學風化作用的過程而生成。空氣、水、風與冰是溶解地質的主要侵蝕因素，這些溶解物質最後將凝結在一起並隨機的形成結晶。方解石就是一例。

最後，已存在的礦石受到地殼下層的高溫及高壓影響下，再度結晶化形成新種礦石。這些變質岩礦的原有結構和化學成分已經改變。這些改變會重組原子排列，形成不同的構造、成分與水晶。石榴石就是變質岩礦的一個例子。

沒有人能真正知道大部分的水晶需要花多長的時間去形成。有些人推測需要數千年，有些人則認為當成分對了，水晶能在剎那之間形成。無論如何，這都是自然之母的祕密，她孕育、醞釀並生產出種類繁多的精美水晶結晶體。

水晶如何開採？

有兩種主要的礦床，是水晶被發現與開採的地方。第一種是來自地層的豐饒礦脈，在其他岩石層中的溝槽或孔洞，因富含礦物質的溶液在其上沉積與結晶，而在岩層裡形成貫穿的礦脈。生長在礦脈中的水晶，能讓業餘愛好者以錘子和鑿子等簡單工具開採，或以昂貴的炸藥和設備進行大規模採礦。

產量較大的水晶通常是在地層內部的洞穴中被發現，因為那裡提供了自由的生長空間。為了要開採數百磅的水晶，有時得沿著礦脈進入地底深處，以鑿鑽及爆破的方式進行。石英水晶就是以此方式被開採出來的。

第二種採礦的方式，就是透過淘洗來擷取沉積集中在海岸或河床上的水晶。這些沖積型礦床，是由已分解且可能蘊藏黃玉或鑽石結晶體的礦脈碎片所組成。最普遍開採沖積型礦床的方法，是在水中搖動篩洗裝有水晶砂礫的淺盤，去將較重的砂礫與水晶區分開來，兩者一旦分離，即能容易地發現水晶並加以挑選。這種採礦形態通常規模較小，但重複進步同樣的程序也能運用在大規模的採礦經營上。

在被開採出來後，為了顯現它們天然的美麗光采，水晶通常需要以強效的化學藥品清潔。經過準備後，水晶將發現它們置身於適當的礦石店或珠寶展中，然後等待與吸引其真命天子的到來。

水晶與礦石的雕琢藝術

有些水晶結晶形體，會經由專為水晶礦石增添光澤、色彩與呈現高品質的寶石工匠藝術家，做更進一步的切割、塑形與抛光。大部分清透的寶石級礦石，例如紅寶石、綠寶石或鑽石，可運同不同角度的切割，來增進與提升物質與視覺的特性。每一道切割能使礦石攝受更多的光，讓光從內部反射出來，展現礦石與生俱來的色澤濃度與色彩。這個過程需要時間、訓練與機械設備，寶石的美麗與價值感也相對增加。

有些礦石被切割成簡單的圓凸面形狀，稱為蛋面切割法。這能讓許多半寶石或稍有瑕疵的寶石（例如石榴石）顏色更加明亮，增加其價值，來作為珠寶飾品或治療礦石。

較小型的裸石能以滾磨方式拋光成平滑狀，並消除表面瑕疵。滾磨器是種簡單的機器，電動馬達每分鐘四十轉的速度，以漸次精緻的方式滾磨。全部的滾磨過程約需五至八週，時間長短取決於拋光材料的硬度。滾磨增加礦石的美麗與光澤閃亮度，否則礦石較無法受人注意或賞識。滾磨礦石簡稱卵型滾石，例如粉晶，是袖珍、容易攜帶，且人人負擔得起的非昂貴品，不但美得足以贈與他人或佩帶在身上，而且力量強大，可使用在水晶治療上。

當礦石經過任何人工方法處理後，通常會以折射出更多光與色彩的成果來呈現。身為人類的我們，藉此方式來協助礦物界的演進過程。一位寶石工匠與一起工作的礦石對頻連繫時，能創造出承繼了治療本質的美麗成品，榮耀藝術家也榮耀礦石。技藝精湛的藝術家能將粗糙、毫不起眼的礦石，蛻變成能反射大量光能與療癒能量的珍貴珠寶，對該礦石與使用它的人皆有貢獻。

水晶的歷史與運用

回溯過去，人類文明曾為了許多目的使用水晶礦石。最古老的水晶神祕力量傳說與知識，引領我們回溯到亞特蘭提斯時的古文明大陸。想像這個先進民族的已進化居民，使用水晶去傳導與利用宇宙能量。這個傳奇文明的先進科技使用水晶作為信號燈塔，與他們的宇宙前輩進行心靈感應傳訊，也將水晶的力量運用在許多物質性與實用的目的上。

相信這個偉大的大陸會毀滅的原因之一是，神聖的知識被濫用，及令人敬畏的力量被誤用在自我中心的目的上。傳聞在亞特蘭提斯毀滅之前，未墮落腐敗的智者希望保存民族傳承的知識。他們不敢抄錄成冊，是因為害怕經歷過地球的大變動後紀錄會毀壞。他們以其智慧，對特定的水晶輸入訊息，並使它們具體化進入地層。他們相信當對的時刻到來，這些水晶將浮現至星球地表，被那些能校準心智與水晶連繫的人，接收貯存在內的智慧（詳參「資料庫水晶」）。

後來亞特蘭提斯的倖存者繼續在埃及、南美洲與西藏，將水晶知識永久保存下來。他們運用水晶結晶的原理建造金字塔，模仿偉大的亞特蘭提斯神殿。金字塔的完美幾何形體，乃複製著水晶的物理原理，將宇宙能量的較高頻率傳導至這個星球上。也有人相信，偉大的埃及金字塔在最初始時，曾以一個巨大的水晶置於頂部，協助宇宙力量的落實與利用。

隨著文明興盛與衰落，宇宙力量的潛在知識與水晶能量的潛能隱藏起來，避免被那些具有貪婪動機的人發現。許多智慧已經失傳，但有些訊息仍留存著，在不同的文化與文明中萌芽成長。

聖經「出埃及記」中記載著，將十二種寶石以特定的方式排成四行，組合在一起後做成胸牌讓亞倫戴在胸前，將賦予亞倫神的力量。雖然不知是什麼特定的礦石被使用在胸牌的製作上，但依記載所述，那是來自上帝的啟示，具有不可思議的神靈力量。

古埃及文明的國王們曾被建議去蒐集最好的寶石，來保護自己免於受傷害。在占星學的早期梵文文獻中，甚至有回溯到西元前四百年，對礦石的起源與力量，所精心製作的觀察報告。在當時，占星師建議那些遭惡運纏身的人佩帶不同種類的礦石，去對抗這個星球上的負面影響力（這個理論是「占星學身心靈三位一體圖表」製作的基本信念）。

許多古文明的醫療行為也包括：要人們在脖子上佩帶護身符與避邪物件，且視疾病情形而決定佩帶哪種特定的礦石，帶來所期盼的效果。古羅馬就相信外在的物件，例如礦石，對身體有直接且正向的影響。早期以希臘羅馬文字所撰寫的參考文獻指出，礦石可作為護身符佩帶，有助身體健康、保護作用，並吸引美德與善行。

貫通古今歷史，珠寶、礦石皆與皇室血統有所關連，不是製成高雅的皇冠或首飾佩帶，就是鑲嵌在王位寶座、劍器上，或使用在其他寶藏上作為裝飾點綴。許多已故的皇族，更以精緻的珠寶與礦石收藏品陪葬。當埃及圖特國王的陵墓被發現時，奢華的擺設陣仗就讓世人驚歎不已！

馬雅人與美洲印地安人也曾使用水晶於疾病的診斷與治療。美洲印地安村落的長老，在特殊的儀式中使用大型的白水晶，稱為「觀水晶」，能在其上看見未來的影像或久遠的事件。某些墨西哥印地安部落則相信，如果你在這一世活得很好，當你死亡時，你的靈魂會進入水晶中。如果某人夠幸運去找到那件水晶，它會立即與他們交心、提供治療，指引他們的美夢成真。

自人類定居於地球，長久以來，不同的文化與人民都早已開始運用水晶礦石裡的力量；人們曾以無數的方式與目的使用水晶。今天，隨著科技的日新月異，水晶以許多不同的方式被運用來傳遞能量與放大能量。例如紅寶石水晶，兼具天然成形與人工琢磨特性，被運用在顯微鏡手術的雷射中。

每年有數以千計的石英水晶被開採出來並壓碎，以供應科技目的上的使用。石英水晶被運用在超音波儀器、鐘錶、電腦記憶體晶片。石英被用來製成振盪器，去控制在電器設備中的無線電波振盪頻率；作為電容器去調整電路中的能量容量；製成轉換器，在不同的系統間傳送轉換能量，及作為聚光器貯存能量。

在神祕學的層次上，水晶與礦石能在靜心冥想中使用，協助直覺的開發，及從更高的知覺中學習。在睡眠時，將水晶或礦石放置於枕頭下，可以啟發更高層次及預兆性的夢。水晶礦石也能在治療過程中使用，可以穩定不安的情緒，平復混亂的心智，幫助療癒身體的不平衡。產婦可在分娩的產程中握著水晶礦石來增加力量，水晶礦石也可於儀式典禮中使用，或放在需要平衡、治療的動植物或孩童身旁。

水晶的力量與潛能不宜過度誇大。然而水晶確實對新世紀有很多貢獻，能夠為了許多目的而以各種形式被運用。本書的資料就是有關治療與提升意識，而如何使用水晶的部分神聖知識。這些教導是為每一個人提供的，並能讓被這些訊息直覺吸引來的每一個人所運用。以此方式使用水晶礦石的力量時，應當謹慎小心。

本書的知識僅供現在的時空運用，因為待數千年之後，將會再度形成當時人類所能取用、適用的知識。使用水晶時所持的意圖，必須基於純粹的人道主義，否則水晶的力量可能會嚴重的反撲回濫用者的身上。蘊含在本書中的資訊（或其他任何有關水晶力量的書），僅能在依循神聖法則下使用，並作為轉化人類困境的方法，及進入寶瓶金色世紀的引領使者。

時機已至，治療師與光能工作者將再度向前邁進，使用水晶礦石作為工具，為地球帶入新的光束頻率、新的道路與新的歷程。水晶與礦石在行星的蛻變轉化中，占有極重要的分量，我們也都是行星蛻變轉化計畫中的一部分。無論你選擇以何種方式進行，記得帶著道德與覺知去使用它們。

第二章

以水晶進行療癒工作

調頻接收

對水晶、自己、他人，或對生活上的任何層面調準頻率頻道、建立連繫的藝術（簡稱調頻），是我們所能學習到最富價值的工具之一。調頻連繫（tuning in）是一種能力，去緩和頭腦的運作，以進入平靜與凝定狀態，使內在自我能覺察真理。經由學習調頻的藝術，我們不僅能發展出取得有價值的內在訊息所需要的敏感度，也訓練了我們的心智，能與不同的生物存在體，在更精微的層次上溝通。

當一個人連繫上水晶頻率時，水晶即成為一面明鏡，將個人內在之光映照回意識上。靜心、冥想、運動、瑜伽、祈禱或其他個人技巧，可以輔助用來使我們的頭腦平靜下來，達到更清晰的覺察境界。不論運用什麼方法，結果皆說明了：對心智有更多的自我鍛練時，將有更多的內在寧靜、更多與個人真理源頭的連結，及有更多能力獲悉在常態下無法取得的訊息。

在調頻的過程中，水晶可以成為有力量的工具與教師。它們說自己特殊的語言，此種語言能被頭腦純淨與心胸敞開的傾聽者所解讀。水晶的演化過程與人類大不相同，它們可以分享出它們的創造物與實體存在的祕密。

水晶為任何人及每一個選擇與它們工作的人而存在。它們很容易成為我們的良師益友，因為它們願與我們分享本身的知識與祕密，並將光與閃耀借給我們作為療癒之用。你所需要的，僅僅是敞開自己及願意去聆聽它們的寂靜之聲，如同它直接向你的內在智慧說話般。水晶是光的使者，如能校準連接上其頻道，水晶可以教導我們如何接近與取用我們自己的光。

你是否曾經從一位非常重要的朋友處，仔細聽取一個特別的祕密？那就是如何將你的意識與心敞開，去與水晶及治療礦石溝通的方式。放掉任何預設的想法、期待或無法做到的恐懼，允許內在意識去接收水晶所散發出的精微能量。

這些水晶結晶生物體想要與你分享它們的祕密與智慧，讓自己向這份分享的可能性敞開。毫無遲疑的接受自然出現於意識中的任何影像。在心智已被訓練至能在寂靜中聆聽與溝通時，當與你一起運作的礦石之光及能量，將你內在的智慧映照回你自身的時候，答案將會快速且清晰的出現。

我經常運用的一個方法是，去做瑜伽與靜心至少一個小時，然後面朝上平躺下來，在第三眼上放置一個水晶。當放鬆發生，心智變得靈敏具接受性時，水晶的精微振動頻率就能被感覺到。此刻，你可能想要請求水晶能否顯示任何事物來協助你的領悟，或者你可能想問一個有關生活層面的私人問題。祈請水晶從你的內在真理中，將答案帶出並反映於意識覺知上。繼而敞開你的心智並接收答案。答案有可能以符號、圖像、畫面或直接的知識來呈現。

無論以何種方式呈現，都是由自己給與自己的內在訊息，經由水晶來強化放大與傳遞。你可以藉此程序去了解許多未能明白的事情，在更深的層面上了解自己，並能進入更偉大的內在力量泉源。

去認識你的每一個水晶與治療礦石，並學習了解它們獨特的祕密為何。它們可能以不同於他人的方式對待你，因為礦石會調整自身的頻率去服務與回應使用的人。藉著協助你的礦石去事奉它們的目標，也幫助了它們的進化與實現更高的天命。直到人類將水晶礦石從地底下開採出來，使它們暴露於陽光之下，它們的美麗與顏色始得以展現，因此礦石以成為我們的治療工具來作為回報。

藉著有意識的與礦石界工作，在幫助礦石去表達它們的同時，你也學得如何更能將自己的內在之光表達出來。我們一同在這個地球上服務彼此，都能因而相互成長，如持續進行，將能在更高的和諧中運作，創造更美好的世界。

如何使用水晶與治療礦石

水晶與治療礦石能以許多方式運用於治療與意識提升上。它們是有效果的，不論你是否認為或相信它們奏效。只要你的所在之處有它們，便能為你的環境帶來更多的美麗與光。如果水晶正處於梳妝台、茶几或夜燈上，它們會自動將該區域充滿能量，很像是一台負離子製造機。

如果在房間內有爭執發生，可在該區域放置一個水晶，來淨化振動頻率及回復平靜。水晶所需要做的僅是處於當下，將更多的光與療癒能量帶入那個環境中。當光波在水晶上穿梭與反射時，即形成能量去消除負面振動並提升整體的頻率，以達到更高的和諧狀態。

如果某人尚未達到能感覺水晶療癒能量所需的敏感度時，水晶能量的效果仍會實現，潛意識頭腦會予以回應。水晶只是單純的處於一個環境中，就能以非常精微的方式，向潛意識頭腦暗示完美的可能性。水晶也向肉體的感官證明，它是一個純淨、美麗、光的聚焦與放射光能的實體。如能給與滋養，這些在潛意識中埋下的種子終將生長與開花。因此，即使把水晶帶給那些未察覺或毫不關心它們的療癒實質的人，仍然是有助益的。

珠寶飾品

水晶與治療礦石可以作為珠寶飾品佩帶，幫助你保持心智的清晰、情緒的穩定與身體的平衡。攜帶寶石作為護身符，或當作飾品佩帶，是運用它們的治療力量最簡易且有效的方式之一。寶石被佩帶在手指、手腕及脖子周圍、肚臍、第三眼、頭髮、腳趾與鼻子上，已有數千年之久。美麗的礦石與水晶被當作飾品使用的時間，與人類裝扮自己的歷史一樣久遠。青金石、紅玉髓、孔雀石為古埃及文明，祖母綠為印加帝國，玉為中國，綠松石為美洲印第安所使用。

許多偉大的文明都察覺到礦石中所存在的治療力量；他們有意識地為特定的治療目的使用礦石。皇冠上神聖的寶石為帝國統治者所佩帶，來協助他們明智的統治人民。礦石被戴在特定的手指，去對他們的人民傳導特定的能量與影響力。紅寶石及深紅色礦石被佩帶在肚皮舞者的肚臍上，藉以挑起觀眾的性趣。礦石被佩帶在第三眼中心，來協助苦行僧的意識與神保持連結。佩帶垂至胸前的項鍊可以刺激心輪點，激發更多的愛與慈悲；將礦石戴在耳垂上刺激反射穴點，可以影響身體的相關部位。

許多寶石飾品創造的真正目的背後的知識早已遺失。最初，那些被認為有特別能量的礦石，會讓希望取得它特有影響力的人攜帶著。最終，礦石被編串成鍊，並掛於頸部、手腕、頭或腳踝上，緊貼著身體，藉以接收全然的效果。同樣的，在近代，許多人類的心智逐漸意識到天然礦石與生俱來的特定能量，如果以特定樣式組合在一起並佩帶在身上，將能產生療癒與恢復活力的效果。

當有意識地為治療目的去設計與佩帶寶石飾品，所創作的成品會成為賦予佩帶者力量的藝術品。當水晶礦石被佩帶時，他們的能量會與人類的電磁場或氣場（或稱能量場）相混合。隨著光照射到礦石上，並將色彩振動頻率反射回氣場中，所增加的色彩頻率，能消散及減緩精神與情緒上的壓力。藉著增加人體周圍精微的治療能量與光能，可獲得更大的個人力量與平衡。

除了裝飾性的美麗外，也能有意識的利用這些療癒資產去創作寶石飾品。這些經過獨特設計的創作因而成為個人的有力量物件，能幫助佩帶者達到一定程度的覺知或特定目標。

水晶精華液

水晶精華液是容易製作的，可以在無法攜帶或佩帶特定效果的礦石時取用之，亦能被取用來增強所佩帶或使用中的礦石效能。將乾淨的礦石或水晶放置在一個純水晶杯中，裝滿半杯蒸餾水，放在早晨的陽光下三個小時，以八點到十一點之間，一天中最新鮮與嶄新的時段內尤佳。當日光反射穿透液體並進入礦石，水即被礦石的振動力量與色彩頻率所充滿。之後可將此具有效能的精華液，放入已消毒過的眼藥瓶中加以標示以供使用。

為達最佳效果，滴五滴在一杯水中或直接滴於舌下，一天數回，並同時觀想著礦石及肯定它們的治療品質。如想將其製成無期限的貯存品，建議在眼藥瓶中注入一半的酒精（偏好使用高品質的白蘭地酒）。用來製作精華液的最佳礦石為彩色石英家族：白水晶、紫水晶、粉晶、黃水晶及煙水晶。石英對光及水的療法有很好的相應，同時也提供了全光譜的效能。

在選擇用來製作內服用的精華液的礦石與水晶時，必須注意某些礦石並不適用，例如雞冠石（雄黃）內含有高量的砷（砒霜）。水晶或治療礦石可以放在按摩油或局部使用的軟膏裡。有一個親近的朋友已從事許多年的按摩治療工作，他總是在所使用的按摩油中放入一支美麗的綠色電氣石棒，以增加療程中的治療效果。

愛的禮物

水晶與礦石能成為一種非常特別的禮物。當以愛來給與時，它們即成為永遠的「愛的水晶」，並成為特別關愛的象徵。它們仍舊可被使用於水晶治療上，事實上它們已經被強大的治療能量所充滿。在給與前將水晶握在心輪前，靜心觀想所要給與的對象，正處於健康、平衡、完整與快樂之中。這個影像將被輸入礦石裡，只要與收受這份禮物的人在一起，礦石將會散發出那股能量。

個人用途礦石

隨著你與水晶之間的友誼與愛滋長，你可能發覺你正處在水晶販售的地方，密切注意那件對你發送出特別光束，以心靈力告訴你，它是特別用來滿足你個人目的的水晶。這件礦石能成為忠實的旅行同伴，以佩帶或攜帶的方式與你在一起，甚至能成為你治療工作上的助手或靜心的夥伴。只有非常特殊與獨特的水晶能以此方式使用，最好以私人礦石的方式來保存它，盡一切可能不讓別人觸碰。

此類個人化的水晶，通常以這種「你將會曉得」的方式來到你身邊，毫無疑問的，它會是一件強而有力的工具。當你的守護水晶來到時，你將會知道。即便如此，也不要有所企求。某些時刻，在這類水晶已經為你的目的提供服務後，那正是它們旅行到其他不同的地方與他人接觸的時機；那是為了去分享出它們的光與療癒能量，因此必須讓它離去，並學習以心電感應方式與水晶運作。在這裡，我想要分享一個帶給我非常重要教導的經驗。

有一天我走進家門，發現家中遭人入侵與竊盜。在被竊取的東西中有些是我的礦石精品。我曾經每天使用那些礦石在水晶治療上，它們是那麼真實的被愛著與使用於服務上，我無法理解它們為何被帶離我身邊。在我的珍貴工具被拿走的憤怒中，我企圖立刻以心靈感應力對礦石傳輸訊息，去破壞與混亂竊取者的生活。但我知道如此作為將造成的業力反撲，與礦石的療癒振動頻率不一致。

在某次靜心中，我與一個大型透明石膏水晶及一個黑曜岩球坐在一起，並祈請顯示為何發生這件事，以及經驗這般損失所帶給我的個人教導為何。答案出現得快速而且清晰；礦石已被與它們一起工作時的治療能量所充滿，準備外出進入世界，去與真正需要它們的光的人在一起。那時我被指示，礦石會為它們自己找到地方，並進入那些認可它們力量與治療能力的人的生活中——也許是兒童。

任何與礦石接觸的人，會被它們以精微的方式影響與治療。我的機會則是繼續與礦石工作，以心靈力量與它們的能量連結，並發送和平與愛的祈禱給任何與它們在一起的人。經由此方式，會築起一道光的橋樑，礦石成為兩端相互連結的點。礦石會被我以意識調頻連繫的方式，再度充滿能量。這些礦石有它們的較高目的並予以實現。我則以投射和平的正向思想到礦石上的方式，來實現我的較高目的。

當靜心結束時，我向透明石膏水晶及黑曜岩表達敬意與感謝。我因而體悟到，我們的個人實相，是由我們如何詮釋生活中的事件而創造出的。即使是一個潛在極負面的事件，也可以被改變去符合光的道途。如今在我的靜心與祈禱中，我連繫上那些我喜愛與熟識的礦石後，為我所投射出的訊息已被接收到且被妥善使用而感到自信。

水晶靜心

任何治療礦石或水晶都可用來作為靜心的夥伴。在靜心中，它能以被握著或佩帶的方式來讓你吸收它的特有品質。水晶或礦石也可放置於視覺範圍內，來作為集中心智之用。因此，它們成為象徵性的專注標的。它們可以被置於心輪處來平衡情緒，或置於前額以達心智清明之效。你也許會發現某種水晶，特別的傳達出它的目的是去深入與強化你的靜心品質。或者，你想要以多樣的方式，用不同的水晶去體驗它們在靜心上的影響。

透明（白色）石英是一種用來激發頂輪（人體最高的能量中心，位在頭頂處）的水晶。面朝上平躺，將一個透明石英水晶的尖端點（水晶各平面自然生長會合聚集而形成的尖峰）放在頭頂上，這個較高意識中心將被振動，而能達到更高的覺知狀態。在這個靜心的過程中，如能將一個紫水晶放在前額使頭腦平靜下來，並於肚臍處放置黃水晶去幫助經驗落實到物質實相中，將有附加的效益。

程式化

為了提升靜心的效果，透明石英能以投射意念的方式來被輸入訊息程式化，並於靜心中握著。例如，如果你正經歷著有關面談或考試的焦慮，將一件透明石英握在第三眼中心處，尖端朝上，觀想自己處在平靜、安全、自信中，並自發性地順應著情勢。將這個思想形式投射到水晶裡，然後安靜地坐著，在你的意識上對自己再度肯定你所創造出的實相。之後這件水晶可被你攜帶著、握著、注視著，或在你準備應付的事件進行當中，以意念觀想著。水晶會保存已輸入的思想程式，並將該想像的畫面發送回你身上，有如扮演著一位助理或朋友般。

如果你想要尋求一個特定問題的答案，作一個發問的祈請後，將一件透明雙尖（兩邊底端自然形成一點）石英水晶放於第三眼中心處，並觀照出現在你意識之眼中的答案。如果你需要發送愛的意念或祈禱給其他人，則將它放置於心輪處，由心輪處指向外，觀想所希望的結果，並經由水晶投射影像至你所祈求的對象身上，使他能收到影像。如果此人是非常敏感的，他／她將會感覺到你傳送中的振動頻率。

經由這個方式，你能建立起心電感應網絡。如果此人並未察覺你所發送的療癒振動頻率，仍然可收到成效，而且該成效能被潛意識頭腦所利用。如果你想使用相同的水晶去輸入不同的思想，最好在每一次投射之後將水晶淨化（詳參「水晶礦石的照顧與淨化」）。

進階的水晶靜心

另有一個更進階的靜心，可使用透明石英水晶來完成，此靜心要求心智凝定與集中專注，去體驗全然的效果。在這個靜心中，你會體驗到成為水晶本體的感覺。

先坐著，將脊椎挺直，取一件你喜歡用來靜心的水晶握在左手中數分鐘。閉上眼睛，讓自己全然的去接受水晶所發送出的脈衝。將水晶放在靠近你的肚臍、心與前額處去感覺它的振動頻率；然後將它放在較近的視覺範圍內，凝視並進入它數分鐘，接著閉上眼睛，將這影像帶入你的意識中。

當你的意識進入水晶，觀察它的分子結構。水晶是物質界的一個純淨形體，去注意它所有的分子是以絕對幾何結構的方式結合在一起（無隨機的排列），所有分子皆以相同的頻率振動中。經由進階的靜心練習，有可能將你的覺知擴大到包圍每一個分子，每一個存在分子中的質子，及每一個存在質子中的電子。見證每一個物質成分與其他所有的成分和諧共振著，表現出超越它個體意志的和諧。

允許自己在本性中臣服，並體驗宇宙的頻率及與水晶存在體的連繫。當你融入這無上喜悅之中，你可經驗到與自己及天地萬物在一起的和諧與寧靜，有如時空皆已靜止般。讓自己完全地融入與宇宙的共鳴之中，並繼續隨著宇宙頻率振動。在你的內在核心中，真理回響著。存在於任何事物中的真理，可經由學習如何將你的意識安住於核心中，即你的內在中心、寧靜之處，而被明瞭。一旦建立起此實相，它將成為你的試金石與內在聖殿——隨時供你接近與取用。

在此階段的靜心，重要的是去做深呼吸以維持意識與肉體的連結，並將你的內在平靜與調頻連繫的狀態傳導入實相中。以觀想著帶有金色太陽光的水晶，金色光正穿梭其上並反射著光芒，來完成靜心。此時，觀想自己是水晶，正與宇宙和諧同步運作著，你也能因此成為宇宙之光的工具。感受自己全然的清透與發光，被個人光的源頭賦予力量。

在練習此靜心時，準備一件煙水晶或黑碧璽，以供睜開雙眼時握著。這些礦石將會使意識擴展的經驗落實到身體層面上。在靜心後的幾個小時內，把這些深色礦石攜帶在身邊也是不錯的方法，能確保能量適當的整合。

集體治療靜心

集體治療靜心可以使用一件大型石英發電機水晶（大約六至四十英寸）來完成。這些大型透明發電機水晶是稀有且非常昂貴的。它們經常出現在那些——能被有意識的人在療癒圈裡使用的環境。最好有至少三人來進行此類型的靜心。將水晶直立擺放在圓圈的中心，每一位成員取一個小型石英水晶，並將尖端指向大型發電機水晶。此時，以意識投射或口語誦唸肯定語的方式，來為個人、人際關係上或星系進行療癒。

用來握住並朝向大型發電機水晶的小型石英水晶，會強化這些投射，因為大型發電機水晶會將意識的投射，發射入以太層中去影響因果層面。在送出祈禱與投射後，將你手中握著的水晶尖端指向心輪處，去接收個人訊息或療癒能量。與團體中的夥伴分享個人的回饋與感受，來結束這個靜心。

水晶礦石的照顧與淨化

就像其他東西，水晶與礦石喜歡以尊重與愛的方式被對待。它們享受待在觸目可及的觀賞景點，在那裡它們可以反映出光彩與散發美麗。有段時間我將欲出售的水晶，貯藏於覆蓋桌巾的桌子底下。當我將水晶展示架從桌子底下拉出時，我感覺到它們因被放置在地板上的陰暗處而不快樂。有一次當我將它們拉出時，我得到了直接的訊息，它們想要被放置在光中，在那裡它們可以被看見、欣賞，且能進行它們的工作。我予以回應並將它們放置在我所能找到的角落與牆縫處。

這樣做讓我的環境充滿更多的光，且水晶出售得更加快速，因為它們的振動能量，極易讓每一位走進我家的人看見。自那時起，我絕不考慮將水晶或治療礦石，保存在與它們存在價值不相符的空間裡。它們喜歡待在窗枱上、架子的頂層、床頭櫃上、櫃檯、書桌、靜心的祭壇、桌面、壁爐、植物盆栽中，或任何可供水晶去對它們的目的提供服務之處。

在運送礦石或與它們一起旅行時，最好將它們個別包裹著，如此可確保它們不被損害或缺角（除非它們是小型的滾石）。絲、緞、皮革、絨布或棉質的小袋子是極佳的礦石攜帶容器。

除非水晶與礦石直接被使用於治療工作上，它們並不需要經常被淨化。然而，建議在購買或收受水晶初始，將它們淨化，藉以消除它們在旅行過程中累積的任何振動頻率。淨化的過程也可將它們的振動頻率重新設定，使其對新的家與主人更具有接受性。在使用於治療或個人目的之前，淨化新礦石最好的方式是，以海鹽掩埋至少達三個小時之久。

重新充電

當水晶礦石使用於治療用途時，它們對運作的個別對象的振動頻率，變得極具有接受性。它們有記憶與保存能量的特性，故必須在每一次療程後加以淨化。然而如果接受水晶治療的案主有意識的參與水晶治療的過程，實際上礦石能變得充滿能量，不需要特別淨化。在這些例子中，礦石可以保存在光線充足的房間（偏好陽光），或放在一個大型晶簇上，去接受充分的淨化與再行充電。

如果案主需要深度療癒，或是無意願、無法去積極參與他／她的個人療癒過程，礦石將給出許多的光與能量，去協助治療。因貢獻出許多能量，以致它們可能耗盡自己的生命力，在這種例子中，在下一次使用前，應加以淨化並再予補充能量。當水晶或礦石需要淨化時，通常是失去光澤，呈現呆滯與晦暗的樣貌。當你從事水晶治療並逐漸了解你每一件治療礦石的特殊能量時，你將可輕易的分辨出哪一件礦石需要加強淨化。

有許多方式能將水晶有效率的淨化與再充電。最簡單的方式之一是，利用日光與水本身具有的恢復活力特質，去使用大自然的療癒力量。將礦石或水晶握在手中，以冷水灌注其上，也可將它們握於水龍頭下沖洗，然後將它們放在陽光下（在室外為佳），讓太陽光束照射它們至少三十分鐘。之後以乾淨的棉布擦亮礦石。

如果你夠幸運住在海邊、湖邊，或乾淨的溪流邊，可藉天然水的活動力沖流過它們，而加以淨化與充電。然後繼續進行日光浴及擦亮的動作。水晶與礦石喜愛待在自然的環境及水中。故建議在湍急的水流中清洗水晶時要握緊些，因為有可能它們比較想待在那裡並跳脫你的手中，再也見不著它們了！

為進行一般性的淨化與充電，可使用一個透明水晶簇，與四個單尖石英水晶。將需要淨化的水晶放在水晶簇上，把四個單尖石英水晶尖端朝向水晶簇擺放。把單尖水晶各別放在水晶簇外圍東西南北的位置，創造一個十字形狀。經由此方式，單尖水晶對水晶簇充電，次由水晶簇對放置其上的礦石加以充電。

礦石能被無限期的留置在晶簇上，甚至成為礦石在水晶治療空檔間暫時棲息的家。水晶簇本身很少需要淨化，因為強烈的光在晶簇多重尖柱之間振盪反射而創造出能量場，足以自行補充能量。然而如果你感覺到晶簇有必要加以淨化時，日光與水淨化法是最佳的方式。

如果你選擇以個人充電方法，來為你的特殊礦石或需要有照顧品質的礦石充滿能量，將它們握在右手中，閉上眼睛，並將你個人的療癒能量傳送入礦石中。觀想燦爛的白色光束經由頭頂進入身體，在心輪處與愛連結，再延伸至你的手臂、手掌而進入礦石中。你可選擇觀想一個溫度計形式的刻度尺，上有一至十的數字刻度。在你專注於傳導療癒之光進入礦石時，觀想光能將刻度提升至十的刻度字，然後保持至少三分鐘。

藉此方式，你可將經常使用的礦石，以自己的治療能量加以充電。這樣為礦石輸入能量，所運用的不僅是你的個人本質，還使用了宇宙白光的力量。這種方式會讓所使用的礦石增加十倍的療癒力量，變得益發美麗與燦爛。

對於已變得異常消耗或被濫用的礦石或水晶，可以將它們埋入鹽（海鹽尤佳）中淨化。在一個乾淨的玻璃杯或水晶缽中放入鹽，將礦石完全掩埋並放置三天。鹽會調和負面能量、將不潔淨的成分吸出，回復水晶的和諧與平衡。將礦石從鹽中取出，以冷水清洗，然後放在日光下風乾。應將使用過的鹽丟棄，不再重複使用。

如果它們受到嚴重的污染或能量已耗竭，有時可能必須以幾種不同的方式來淨化礦石。例如，一位朋友扭傷她的腳踝，我們放一個小的孔雀石在繃帶下面去將疼痛吸出。大約十二個小時後，她的腳踝幾乎被治癒，但孔雀石因吸附過多的創傷而近乎耗竭，變得呆滯、無生氣，且已失掉反射光的能力。這個小孔雀石立即被特別照料，且經過數月後才恢復健康光澤。

我首先以鹽將此礦石掩埋三日，次以水與日光淨化法淨化，繼以個人充電法補充能量，最後讓它在一個美麗的白水晶簇上棲身。但此礦石仍無法如同昔日般的振動，且可能永遠都不能了，但它教導我的功課是，讓一個小孔雀石去承擔如此大的治療，並且要在此挑戰中存活，幾乎是不可能的。

第三章 水晶排列的古代藝術

當身體出現生病徵兆時，其真正的原因常被隱藏在後——那就是壓抑或無法解決的心理問題與矛盾情緒，浮現出來並顯現在身體上。這些情緒沮喪與心理壓力的種子，通常是在身體呈現失衡症狀之前早已種下的。

在兒童的成長過程中，常常會發生許多令他感覺困惑及受傷害的事件，因無法處理或明白生命中發生的事件，小孩經常將這些不愉快的經驗壓抑下來，然後記憶在內在的某處。而這些無法解決的矛盾衝突，遲早會顯現在他的態度、信念、有害的習慣及身體的不平衡上。身體成為陳舊、曲解的及無法排解的事件的貯藏室。

不同的身體部位傾向記憶與留存特定形態的情緒：心臟與肺記錄憂傷與哀痛；肝臟貯存憤怒；胃貯存焦慮與恐懼。這些感覺也記錄在環繞人體的能量場中。當舊有的思想模式或過去的矛盾情緒使能量場混濁，內在的光就會變得難以散發與展現，如此會使一個人在面對負面的內在或外在環境影響時，更加脆弱無助。

在療癒疾病的過程中，重要的不僅是了解身體症狀，也需觀察底下的心理與情緒因素。直至今日，僅有少數方法能有效處理更精微的意識與心靈的障礙。如今運用礦石療癒力量，使身體、心靈與情緒體皆能被療癒，且與生命能量調和一致。

水晶治療是運用礦石排列的藝術，能淨化能量場、釋放壓抑的創傷，並是使個人與內在的真理及力量的源頭連結，最先進與有效的方式之一。

當舊有模式一經解除時，舉凡去改變與療癒的力量、去學習生命事件所帶來的功課、去原諒與放手的力量、去做有意識的決定、去實行慈悲與忍耐的力量，及最重要的愛自己的力量——這些全都能被企求與擁有。水晶與礦石能在這個自我賦予力量的過程中提供協助，藉由增加能量場中的光，刺激與活化人們的精微能量場更強而有力。

在進行水晶治療時，礦石變成水晶結晶般的光體，放置在身體上的神經中樞、脈輪部位及太陽神經叢處。水晶礦石扮演著觸媒的角色，去保存與整合更多的顏色與光，並將之帶入人類的精微能量場。所增加的能量頻率，能融解並驅散那些壓抑在你心底、無法釋放的痛苦陰影，這些陰影障蔽了能量場，困惑心智，並使身體產生疾病。

水晶可以中和負面能量，使能量從卡住的心智與身體障礙中釋放出來。礦石中蛻變與轉化的力量，可將能量再度循環至它的源頭，為意識的目的而使用。再來便是接受治療者的責任，去釋放舊有模式並接受新的能量，創造一個以愛自己及以內在真實為基礎的正向自我認同。此即成為築夢與願景成真的基礎。

一旦將礦石擺放在身體上，舊的記憶與感覺可能會浮出表面及表現出來。在處理疾病的真實原因時，很有可能回溯至童年、出生、出生前的創傷，或前世將再度被憶起，因為這些經驗的再度浮現，而得以從中學習與調和改變。

隨著感覺回溯到源頭時，重要的是協助你的夥伴做深度呼吸，引導他／她去觀想光的影像與療癒能量——在吸氣時進入身體，在呼氣時將壓力與痛苦釋放掉。當將光集中於意識上時，使靈魂的直覺能與心智溝通，去了解為何那些事件是必要且被挑選來經驗的，以及何種學習課題涉入其中。

如帶著更多的覺知與領悟，即可能將舊有模式釋放，並以正向的肯定語與觀想取代，繼而創造一個新的實相。這個意識再造的程式化過程，是朝向自我改變與賦予個人力量的最有力的工具之一。

所有的水晶治療並非以淨化為本質。當能量場被注滿來自水晶礦石的光與色彩，一個敞開、敏感的人是有可能去經驗到意識改變的狀態。當水晶與人類的能量混合及使意識更加擴張時，影像、色彩、前世回溯或未來將發生的事件將得以被看見。對於那些沒有情緒阻塞的人，水晶治療則成為將水晶能量運用在意識創造上的一個機會。

進行水晶治療的目的與意圖，是去協助那些接受治療的人中和、平衡與整合肉身體、理性體與情緒體，他們因而得以開發自己的力量與真理的內在資源。當一個人能接受並為自己負起完全的責任時，真實的療癒將會發生，且治療力量能被邀請到來。水晶治療師與礦石是光的工作者，以分享他們的頻率連結、愛與療癒能量來協助治療過程。水晶治療師的角色是協助他人清理、淨化並打開他們的管道，幫助他們有意識的去經驗他們的較高自我。

準備工作

建議在進行水晶治療與礦石排列之前，治療工作者要預先做的準備工作，就是在靜心中與水晶礦石頻率調準連繫。將你自己與礦石的能量校準上，並對它們的頻率更有接受性。使用水晶與礦石應始終帶著對它們力量的尊敬與認可。

當水晶礦石與人類的能量場融合，並使能量產生交換時，會形成極大的力量（猶記得第一次與他人進行水晶治療時，我對增加的能量頻率大量湧現的情形沒有準備，幾乎失去意識。我必須離開我的客戶數分鐘以重新恢復我的鎮定）。此刻重要的是去觀想光環繞在自己的周圍，並在意識上肯定你正與礦石能量的頻率連繫與運作，去調和、平衡與治療。

水晶治療需有持續性的意識集中。隨著礦石清理阻塞與融解情緒的廢棄物，許多精微的改變會在能量場中發生。去對接受治療者所呈現的反應保持敏感與覺察是重要的，以注意喉嚨的脈動來觀察心跳的速度。當身體的新陳代謝速度去調整適應增加的能量場能量時，心跳速度可能增加。如果呼吸變淺，引導你的客戶去做深度與完整的呼吸，整合增加的能量。開發你的第三眼視覺，如此你可以察覺到能量場、脈輪系統與較高的精微能量頻率。

有些時候，如果你的客戶無法將較高的能量頻率融入他們的能量場中，可能有必要將特定的礦石移開。因此，保持與水晶頻率的連繫是重要的。如果你沒有連繫頻率就移開它們，無須驚訝礦石會被自己的能量反彈。注意你的礦石所能給與的程度，不至於會令它枯竭，並準備在它們開始耗盡時將它們移開。

讓自己能自發性的回應礦石所傳達給你的訊息。如果你所工作的對象積極的參與治療過程，礦石通常會在過程中得到充電。但是如果此人不為他自己的治療過程承擔責任，礦石活生生的能量會被耗盡，變得無生氣與黯淡。例如孔雀石去吸收了負面的能量，可能需要在每次使用後被淨化。你與運作對象及與治療礦石的調頻連繫，將確保療程的成功與獲得正向的效果。

水晶治療排列

我的工作夥伴與我曾非常成功的在水晶治療個案中，使用以下的排列方式。在目前，這些排列方式是非常新穎且富革命性的，但它們是人類演化過程中的古文明知識。在每一次的水晶治療中，建議準備一面鏡子，讓接受治療者可以看見水晶排列，並在視覺上認同礦石的美麗能量。

一般性排列

你可以將任何數量與種類的水晶及治療礦石組合在一起使用，礦石可以放在脈輪中心上，或放在阻塞或不平衡的身體部位上方。此種療程是以自發性的方式去回應與實現客戶的特定需求。有幾次我在療程開始之前，曾為客戶預先構思礦石的排列方式。然而，一旦我真正與此人及礦石的頻率連繫上時，我先前所預想的方式通常是不正確的。在那個時候，我必須放掉個人的期待，保持敞開、全然，以直覺去回應當下的每個片刻，滿足客戶真正的需求。

如果能適當地以平衡與調和精微能量場與肉體能量的方式擺放礦石，有多達百種不同的礦石，可以同時被使用在單次的水晶治療上。可以設計出美麗的排列樣式與圖案，來引導能量的流動。

一般而言，至少要有一個相對應的水晶被放在脈輪中心上，並將其他礦石放在它的周圍，去創造出想要的效果與能量的流動。然而，在某些情況下，只能在一個區域或脈輪中心上工作。讓自己有創意的去滿足當下隨時出現的需求。

你所嘗試去達成的結果類型，將會決定使用何種礦石及擺放的特定區域。例如，如果某位客戶是非常具有靜心品質的，但不太能夠落實或在物質層面上運作不佳，可以將紅—橘色光譜的礦石放在肚臍區域，且同時以深色或黑色礦石向下排列圖案至恥骨區域及腿部。並將藍—紫色礦石放在前額，即形成一股能量流，去整合寧靜的靜心狀態並帶入物質顯化層面上。

在身體上方，以一個小件的白色發電機石英水晶（二到六英寸）將能量從頭頂導引至鼠蹊部位，去增加這個方法的效益。在另一方面，如果某人是自我中心且世俗功利的，有多樣化的透明、金色、藍色、紫色與粉紅色礦石可供選擇，用來放在胸前、前額上方去激發較高意識中心。以至少一個金色—橘色礦石與深色的礦石分別放置在肚臍與恥骨上，去將這些效果落實在物質層面上。再次以一個單尖石英水晶去引導能量流貫穿全身的氣場。

這類型的療程允許全然的創造力與自發性的直覺運作，將你所有的治療礦石擺放在現場，並察覺礦石所發散出的振動與閃爍，讓你知道何時應使用它們。保持與你客戶的管道連繫，並指導他們將自己的呼吸與療癒能量導入需要平衡的區域。主動的去溝通及鼓勵言語的表達與分享。

移走礦石的方式通常不會與它們排列的次序相同。再次順著礦石的能量而運作，隨著你的直覺導引去將它們移開。取下礦石並將需要淨化的每一個礦石置於一旁，以溼棉布擦拭它們。

基本的能量充電

這是一個最簡單的水晶排列方式。以三個小的透明石英晶簇與兩個小的單尖發電機水晶來完成。請接受者面朝上平躺下來，放一個小的晶簇在眉心中心，一個在胸前中心，一個在肚臍上。這將會為意識注入能量，活化心輪與激發身體系統。在頭頂上握著一個單尖發電機水晶，並緩慢的以直線方式移動另一個單尖發電機水晶，從恥骨處開始一直到與握在頭頂上的水晶相會。隨著移動的水晶穿過能量場（離身體二至六英寸的地方）時，使用你的敏感度去感覺任何阻塞或能量的障礙。

有意識的引導頭頂上的水晶白光能量，去與移動中的水晶相會，使它維持充滿足夠的光能的狀態，去融解任何留存在能量場上的殘餘障礙。然後觀想一股能量流自頭頂水晶處，流經身體與能量場上的每一個部分。隨著移動中的水晶通過肚臍、心與眉心，透過發電機水晶將療癒能量導入這些中心，做更進一步的充電。當移動的水晶能順暢的通過能量場，且無感覺到任何障礙或能量阻塞時，水晶治療已完成它的目的，此時可以按照之前的排列順序將水晶移開。

能量平衡排列

這個水晶排列，可以使用對應著七個能量中心（參考礦石／顏色／脈輪圖表，頁）顏色頻率的任何七個礦石組合來完成。在這個排列中，石英家族的水晶能帶來非常好的效果，因為它們能顯化不同脈輪的顏色。以下是一種排列的示範。

將一個單尖石英水晶朝向頭頂擺放，放一個紫水晶在第三眼，海藍寶在喉嚨，粉晶在心輪，孔雀石在太陽神經叢，黃水晶在肚臍，煙水晶在恥骨部位。所有礦石應以一直線擺放，並使用一個單尖發電機水晶以直線通過礦石上方二到六英寸處，去平衡與調和脈輪。敞開與敏感的去感覺能量失去平衡之處，造成某處脈輪能量過剩，其他脈輪能量耗竭的情形。透過發電機水晶投射你的療癒能量，導引過剩的能量去補充耗竭之處。

其他礦石可被擺放在主要的脈輪礦石周圍，去強化治療的力量。例如，如果心輪因為情緒創傷而阻塞，可將綠柬菱石放在粉晶的上方及下方，並擺放粉紅／綠色電氣石在兩側。如果治療目的是引導壓抑的情緒以言語表達出來，釋放掉情緒，則可以將單尖白水晶放在胸骨上，尖端朝向喉嚨，將能量從心引導至喉嚨，進而表達出來。可以使用任何數量的礦石來進行脈輪平衡的排列。去研究每一個礦石的影響與作用，並挑選出那些將產生符合多數個案共通需求效果的礦石。

脈輪補充能量排列

這個排列方式是為特定的脈輪注入能量的特別設計。九個單尖透明水晶被使用在這個排列中。開始時，在接受者的每隻手中放一個透明水晶（尖端朝向肩膀）。各放一個透明水晶尖端指向每隻腳的腳背，一個指向頭頂。這五個水晶圍著身體形成一個星星的形狀，將形成一個保護的能量場，並允許增加的能量再度循環進入此人的能量場場中。另外四個（偏好較小型的）水晶被用來放在身體上，尖端朝內指向需要補充能量的脈輪，個別放在北、南、西、東，形成一個十字形。

亦可加入一個對應脈輪的礦石來進行更進階的排列。脈輪礦石應被放在十字形的中心。例如，你想補充心輪的能量，把一塊粉晶或粉紅色電氣石放在胸前中心，並以前述的水晶尖端朝向它擺放。如能在置於中心的礦石上方握住一個發電機水晶，並經由它來導入與投射治療能量，會產生更進一步的能量充電效果。

如果放在中心的礦石是紫水晶（第三眼）、黃水晶（臍輪）、煙水晶（第一個脈輪），可以使用一個同類的單尖水晶在脈輪礦石上方的能量場工作。藉著簡單地更換中心的礦石，並再度以四個單尖水晶圍繞之，即可在同一個療程中對數個脈輪充電。這是一個力量強大的排列，且應只有在此人真的需要對他／她的能量中心充電時才使用。

粉紅色電氣石的螺旋排列

這個排列是特別為那些希望去釋放深度情緒傷痛的人而做的。此方法特別有益於使用在當身體已經以疾病形態，例如癌症、氣喘、支氣管炎或其他疾病，去顯現出傷痛時。至少以六塊粉紅／綠色電氣石，在心輪周圍以順時針方向作螺旋狀排列。如果使用電氣石棒，尖端向外擺放，朝向手臂。至少需要使用一個電氣石棒，握住它，並在擺放的礦石上方以螺旋方式移動。當這個電氣石棒以順時針方向螺旋狀向上移動穿過心輪周圍的氣場，壓抑的情緒能量能被釋放掉。

這個排列亦會造成情緒釋放（哭泣、憤怒等），治療工作者應隨時準備為接受治療的人提供諮商或照顧。為了平衡此種情況，可放一個黑色電氣石塊在較低的脈輪處或鼠蹊部位上。大部分的身體疾病是根源於內在深處的情緒傷害。這些粉紅／綠色電氣石的帶電治療特質，以能釋放傷痛的頻率去震動這些痛苦。綠色電氣石引領著治療的進行，而粉紅色電氣石能將愛導入去取代舊有傷痛。

八面體螢石排列法

這個排列是以七個八面體螢石，三個大的與其他四個小的螢石，偏好相同大小。將其中一個大的放在前額中心，以三角形尖端碰觸髮際，底部朝向眉毛。放兩個較小的八面體在每一個眉毛的中心點，三角形尖端指向放在前額中心的八面體。

放另一個大的在喉嚨，三角形尖端指向頭部，一個放在肚臍，三角形尖端朝向腳部。將其他剩餘的小八面體各放在兩邊恥骨中心處（腳與下腹部相會處），並將三角形尖端朝向腳部。

讓礦石在這些位置保持至少十一分鐘，在此期間，幫助接受者做深度呼吸，並經由釋放每一個進入意識中的思維，去安定心智，引領心智進入中庸與平靜的狀態。

這個排列是為將宇宙能量傳導與落實到人體的創造力中心而設計的。放在髮際的大八面體，能引導較高頻率的能量進入大腦的意識中心，放在眉毛中心的小八面體平衡了大腦左右半球時，使其得以發生。放在喉嚨處的大八面體，啟動這個口語的創造力中心，使較高意識能經由言語被表達出來。放在肚臍處的大八面體，引導那些較高能量進入身體，去整合成為日常生活的行動力。在恥骨處的小螢石八面體，能將較高能量更進一步的落實與穩固在身體上。

如果能定期進行這個排列，將可中和思維過程，使心智能有意識的觸及所有知識的源頭，即靈性。當心智能臣服與放下時，它即能融入較高形態中，並成為純粹的創造性力量，為所有思維的本質。當連結上這個無限的創造能量儲藏處，即能有意識的去創造那些有助達成個人生活願望的思想信念。這只有在心智能臣服與真正的謙卑，而足以跨越進入未知與超越想像事物領域的門檻時，才能發生。

當能達到此境界，創造力思維的來源將豐盛的湧現。如能一到二週練習一次，連續六週，八面體螢石排列將能啟發與持續去發展這些先進的心智技能。

第四章

新世紀礦石

我們正位於進入一個新世紀——寶瓶世紀的門檻上。我們今日所作的抉擇，將會決定我們子孫明日的命運。以西元二千年為分界點，地球未來的歷史將會在以太層次上被撰寫著。在這個時代中，居住在地球的每一個人都有責任去做一個抉擇——那可能是生命中最重要的選擇——呈現在我們每個人面前的問題是：

「為了將愛的法則包含、納入與整合融入你存在的真實本體與內在力量之中，你是否願意放掉那些不合時宜的，與生命力量及成長道路不再適合的舊有思想、信念、模式、觀點及意識型態？你是否願勇敢地在你生活中的每一個層面上實踐，並活出那些法則？」

如果能有足夠多的人們以正直誠實的品質，全然地承諾並致力於活出愛，及分享更多愛時，將使我們的地球能因此而逆轉了無可避免的命運。如未能做出這樣的選擇時，人類族群即將面臨地球破壞與毀滅的可能性。

為了即將到來的潛在動亂與決定性年代，新世紀礦石及如何成功運用其力量的知識出現了，來協助逆轉人類走向自我毀滅的過程，並確保行星的和平。新世紀礦石願意貢獻出它們的光能與美麗，來協助我們在人類史演進的過程中採取最重要的措施，並安然的穿越過門檻進入寶瓶世紀。

當我們學著調整自己，去接收光與色彩——在人類靈魂及身體能量系統上精微且強而有力的效能時，我們將邁入一個嶄新的、更先進的保健照護系統。這個新時代的治療途徑，照料了形成個人疾病的心理、情緒、心靈，甚至前世的影響，成功地療癒了人類疾病的根源。這種治療方法將形成整體性的平衡與健康。當我們邁入新世紀，水晶及治療礦石將會更加頻繁與成功的被使用，來治療所有類型疾病的形成原因。

這些具有特別品質的新世紀水晶是專為此時代而存在，是為了因應那些承繼這個時代的典型影響與能量，而遭受極度心理、情緒與身體問題的人們而生。新世紀礦石映現出人類意識與生活形態的各種可能性，藉由提供與靈魂共鳴的色彩、光和美麗，給我們另一種選擇。當靈魂的力量被滋養與發展時，我們就可以對許多入侵身心的負面因素免疫，而能將所有的心智集中在和平、愛、成長、繁榮與快樂上。

許多新世紀礦石反映出的色彩，是我們的心智目前只準備好並有能力去察覺與感受到的。其中有些礦石是最近才被發現，在歷經數千年之後，只有現在才願意揭露它們的祕密及提供療癒能量給這個世界。生活在這個受到祝福的特殊時代，有機會與這些礦石齊心協力，去創造一個充滿覺知、愛、活力與完整的人類世界。

以下章節分享了我個人與十二種新時代礦石一起工作時的實證經驗。當你運用這些很特別的礦石的力量時，你會發現注意到它們在生活中所產生的療癒與蛻變作用，也同樣會發生在共享它們療癒頻率的人們身上。

石英家族

石英是地球上最普遍的礦石之一，種類多效果也多，能呈現出全光譜的色彩。本書並不會探討所有種類的石英，但我要讚揚及感激它們的存在，與成為石英家族有價值的成員，並邀請你更深入的閱讀、了解它們。

瑪瑙	Agate	多種顏色，可能呈現紋帶或層次狀
紫水晶	Amethyst	紫色，淡紫紅色

東菱石（砂金石）	Aventurine	綠色，金褐色，帶有閃亮光澤
試金石	Basanite	黑色絲絨狀
藍石英	Blue Quartz	暗藍色
紅玉髓	Carnelian	紅肉色至紅褐色
紅縞瑪瑙	Carnelian-Onyx	紅底白色上層平行相間紋帶
玉髓	Chalcedony	略帶藍色的，白色，灰色
黃水晶	Citrine	淡黃到金褐色
熗色綠玉髓	Crysoprase	綠色，蘋果綠
枝狀瑪瑙	Dendritic Agate	灰白色，半透明帶有苔蘚狀紋路
燧石	Flint	不透光暗色彩
木化石	Fossilized Wood	灰色，褐色或紅色
鷹眼石	Hawk's Eye	灰藍至藍綠色
血玉髓，血石	Heliotrope Bloodstone	深綠色帶有紅點
碧石（碧玉）	Jasper	所有顏色，大多帶有條狀或點狀紋

苔蘚瑪瑙	Moss Agate	半透明帶有綠色內包物
縞瑪瑙	Onyx	黑底帶有白色上層平行相間紋帶
蛋白石	Opal	蛋白光澤的寶石級蛋白石，還有黃紅交織的火蛋白石，與一般的蛋白石
蔥綠玉髓	Prase	蔥綠色
綠色水晶	Prasiolite	蔥綠色
石英貓眼石	Quartz Cat's Eye	白色，灰色，綠色，黃色，褐色
水晶	Rock Crystal	白色至無色透明
芙蓉石英	Rose Quartz	深粉紅至淺粉紅色
紅玉髓	Sard	紅褐色
紅縞瑪瑙	Sard-Onyx	褐底帶有白色上層紋帶
煙水晶	Smoky Quartz	褐色至黑色，煙灰色
星光石英	Star Quartz	白水晶於擦亮時所呈現的星芒
虎眼石	Tiger's Eyes	金黃到金褐色

透明石英

當大部分的人談及水晶時，通常指的是透明石英（或稱白水晶）。此類水晶是最普遍與廣為人知的，且可能與礦物界的祖先有關連。一般而言，透明石英可適用於所有情況，因為它的振動會放射出透明的白色光波，其中包含了所有的顏色。

石英是大地的鹽，是地球上固有的產物，它由二氧化矽所組成，那是地球上最普遍的礦物質化合物。有趣的是，身為人類的我們也是從地球的子宮中出生的。這是否使我們與水晶成為地球家族中分屬不同界的親戚？

石英水晶象徵了物質界演化的總和。石英水晶（以下簡稱水晶）的六個面象徵著六個能量中心，尖端代表著頂輪，連結著無邊無際的宇宙。大部分的石英水晶有著一面平底，是它們連結大地的根。石英通常在底部呈現雲霧或乳白狀，且愈靠近尖峰點愈顯清澈通透。這亦象徵了一個成長的模式，意即當我們的成長越接近與永恆無盡的大我合一之點時，意識上的晦暗不明會隨之清除。

白水晶證明了物質界能夠達到的一個物質實體的完美境界，能蘊藏與反映出純淨的白色光波。白水晶是達到與宇宙和諧一致的象徵物，它們在其存在實體中的每一個分子與原子上，展現出純潔與整體和諧性。白水晶散發出神聖的白光，藉由觀看、觸摸、佩帶，使用或與水晶一起靜心，使人類能真正的在物質形體上與光一同運作。

吸引來到個人生活中的白水晶，將以某種方式，幫助特定人在覺察開悟上有所成長。對尚未覺醒的心智，它們將透過潛意識來運作。對於那些行走在這星球上已具有覺醒靈魂的人們，水晶就如同燈塔般，將添加更多的光與正向能量，供他們使用於生活中並與大地連結。水晶代表著完美的物質形體，與宇宙能量和諧一致。它們更像是金字塔般，將高頻能量傳導到物質世界的地平面。

白水晶反射出純淨的白光，能被傳遞到日常生活中的思想、感覺、語言及行動上。它們激發了我們存在本體上更細緻、更精微的層面，將之加以整合且顯化於我們的生活中。

在很多方面來說，白水晶與我們的演化過程是十分不同的，可是某些部分又非常相似。白水晶在大地之母的子宮中形成與成熟，直至誕生到這個星球的表面。人類以十分類似的模式進行，在來到這個物質世界前，將他們的靈魂落實到肉體中，在母親子宮裡的溫暖中孕育。每一個水晶都是獨一無二的，且互不相同，有它自己的人格、課題與經驗，而人類亦同。

水晶與人類的目的與命運，皆是去與宇宙意識合一，並顯化於物質世界中。水晶與人類在那個過程中能成為工作夥伴，為彼此的演化而相互扶持。當礦物界與人類界將他們的力量結合在一起時，意識的新世界因而展開。當水晶療癒的本質振盪著人類的靈魂時，浩瀚廣闊的希望與喜悅境界將呈現。

白水晶有卓越的能力使它的能量與所有的色彩頻率共振，從黑色到黃色，綠色到粉紅色，並進入藍色與紫色光譜。經此方式，白水晶展現出如何將白光的清澈與純淨，顯化到較為濃稠與較低的頻率上。這種成為多彩色光的能力，可以教導我們如何去同步地振動我們的七個脈輪中心，而又能維持與光的完美調合。這是身為肉身存在體的最終極挑戰；在能完全地運用所有的創造力中心的同時，又能有意識地在多層面上表達與運用光能。

所有的物體皆是光，分屬不同程度的光，並以色彩來顯現。在水晶中，光能與物質界組成元素融合，將不同的色調與振動頻率混合在一起，創造出美麗的色彩。這個光與色彩是讓療癒過程發生的關鍵。水晶以極高的速度振動著能量場，可將業力根源的陰暗色調融解與釋放。水晶繼而將那股能量送回到它的源頭，去產生更高的頻率振動與更明亮的色彩，再度循環至能量場上運作。這類型的深度靈魂治療，能強化個人存在本體的內在深度，並建構供立足與生存的強力基礎。

在石英水晶內部通常有雲霧狀區域或內包物的呈現。有時它們像銀河系般，而它們的確是的。這些水晶啟示我們，世界存在於世界之中，宇宙萬物是無限與無法探測的。這樣的了解，立即喚起了對無窮盡宇宙大能的敬畏與尊敬，所有的生命體皆謙遜於跟前。

許多水晶已臻至演化完整的階段，一旦它們被接生到這星球的表面時，將不會有太多的變化。這些水晶帶著它們自己特有的印記，與它們的特質、故事、紀錄與有關資料。

然而，有些水晶所攜帶的內包物，隨著水晶演進與成長而超越它的限制時，是可能被清除的。這些水晶在被使用於水晶治療、靜心或持續佩帶後，可變得更完美通透，其改變有時會超越可辨識的程度。當與它們一起工作的人清除了意識上的迷霧並轉化為清晰時，它們亦將隨之轉變。這些水晶有相似的課題，當水晶的內部及一起工作的人發生改變時，亦能同時將轉變反映出來。在使用水晶並與其校準連接頻率時，將有可能知道每一個水晶所包含的內在印記為何，以及水晶個別的潛能與可能性。

白水晶能以許多不同的方式顯化與使用，整個石英家族亦如是。以下的石英摘要，將敘述一些獨特與迷人的形體，你可在這些形體上發現水晶所要展現的本質。

發電機水晶

發電機水晶是透明的單尖水晶，可以用來傳導與落實療癒能量。六個天然生成的菱面陡峭地結合形成尖峰。此類水晶以六個菱面來做支持，並將光能導引落實到底面。這些水晶可能在底部呈現雲霧狀，而頂部清澈透明，反映出彩虹光波，呈現幻影狀，攜帶著錯綜複雜的內包物或完全的通透。

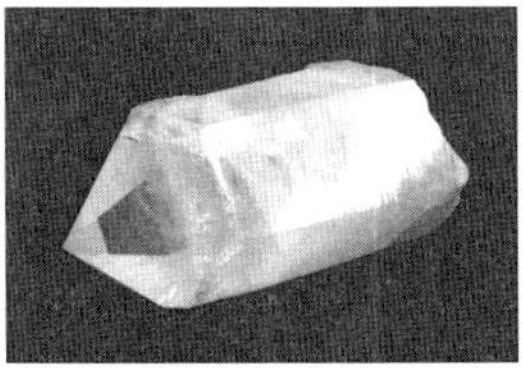

每一個單尖發電機水晶是自成一格的，擁有它自己的故事、經驗與課題。發電機水晶極具個別特質，而且容易成為在治療上很好的朋友與夥伴。單尖發電機水晶能教導我們如何去專注、集中與強化我們自身的療癒能量。這些水晶礦石身體力行來示範，如何將閃耀的光能，傳導至我們的存在本體並進入我們的世界。

發電機水晶是一個物質結構的範例，其擁有的純淨度足以將白光發送入物質界。發電機水晶正有如宇宙力量的產生器，它們的完美幾何形體，使這股能量能聚集與適切的發送到與它們一起工作，及接收它們療癒能量的人的生命中。治療師在以水晶傳導治療能量時，發電機水晶能強化與引導該能量。發電機水晶非常適合用於靜心或水晶治療，它們可被使用於排列中，去導引脈輪間的能量流向。只要將水晶尖端導向你所想要的能量流動方向即可。亦可直接將發電機水晶握在脈輪點上，去淨化能量中心與再行充電（詳參「水晶治療排列」，第三章）。

發電機水晶可小至四分之一英寸或大至三英尺。它們可被隨身攜帶著，或放在最明顯或神聖的地方。它們是具力量的物件，應永遠帶著敬意與知識來使用它們。

銅礦物家族
Copper Family

藍銅礦結晶塊 Azurite Nodule

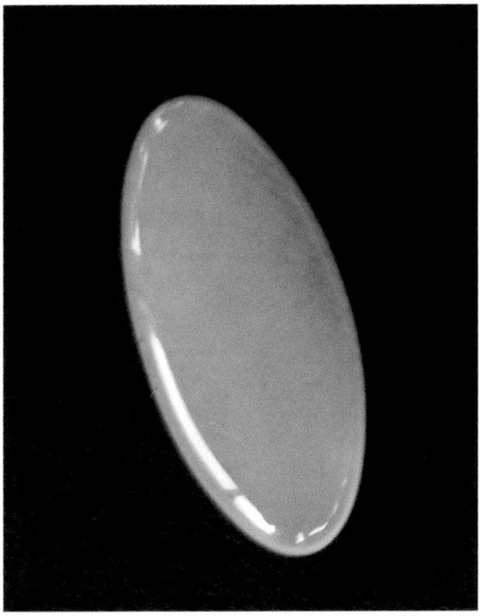

硅寶石 Gem Silica

硅孔雀石 Chrysocolla

孔雀石藍銅礦 Malachite Azurite

孔雀石 Malachite

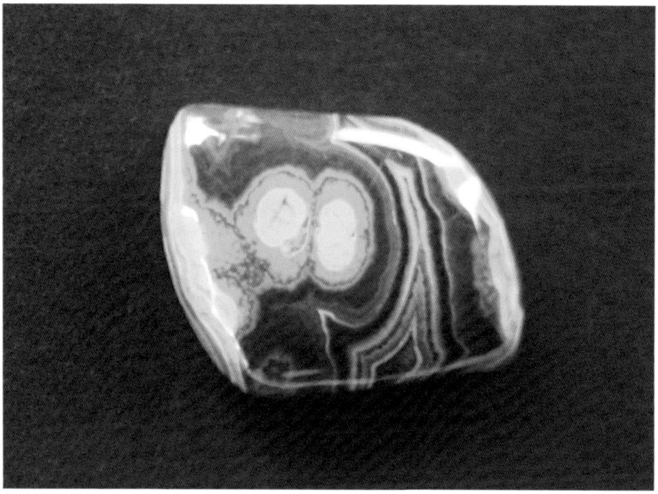

孔雀石硅孔雀石 Malachite Chrysocolla

螢石家族

Fluorite

螢石晶簇 Fluorite Cluster

螢石八面體 Fluorite Octahedron

螢石金字塔 Fluorite Pyramid

電氣石(碧璽)
Tourmaline

多色電氣石 Multi-Colored Tourmaline

深綠與黑色電氣石權杖 Dark Green and Black Tourmaline Wand

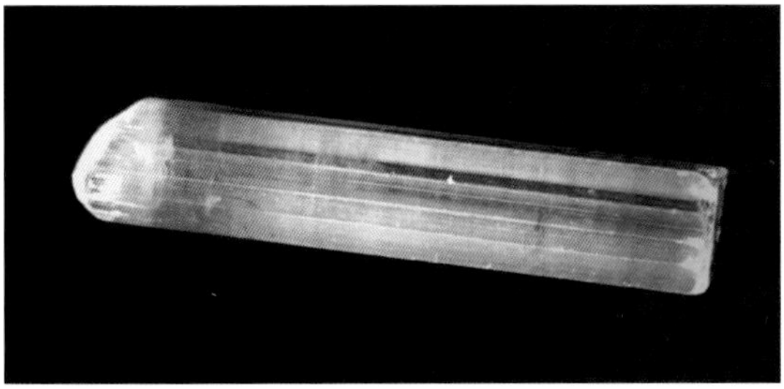

多色電氣石權杖
Multi-Colored Tourmaline Wand

粉紅電氣石
Pink Tourmaline

石英
Quartz

透明白水晶簇 Clear Quartz Cluster

黃水晶程式化投射水晶 Citrine Programmed Projector

紫晶導師水晶 Amethyst Teacher Crystal

大型透明白色發電機水晶 Large Clear Quartz Generator

幻影煙水晶 Smoky Quartz Phantom

透明白色發電機水晶 Clear Quartz Generator

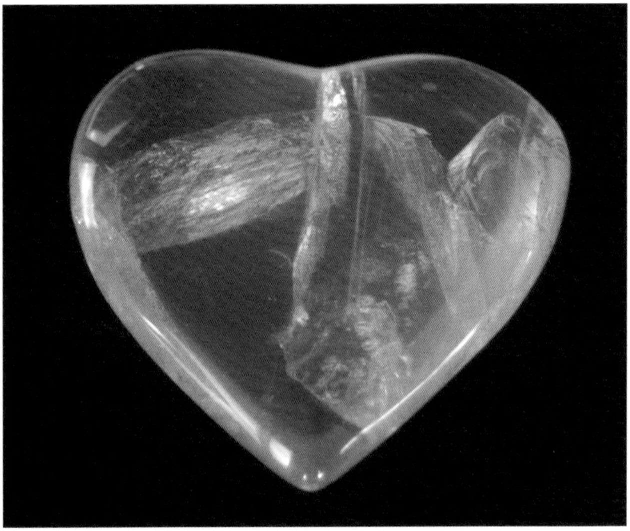

彩虹之心粉晶 Rose Quartz Rainbow Heart

其他不分類礦石
Miscellaneous

黑曜岩 Black Obsidian

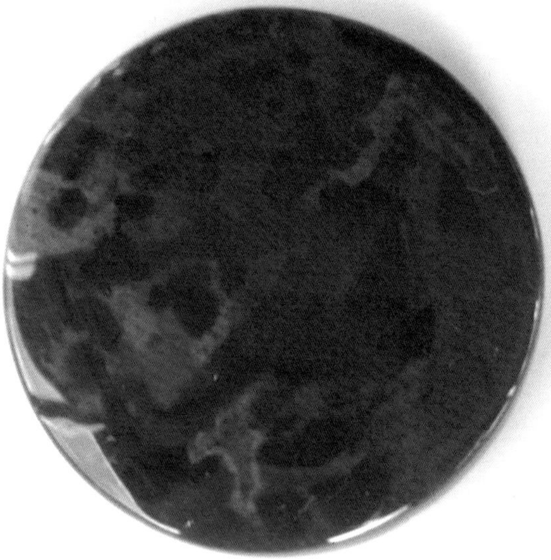

血石／血玉髓 Bloodstone

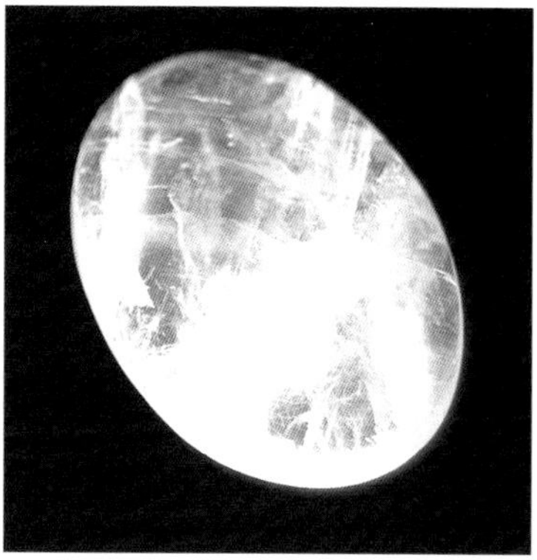

月光石 Moonstone

橄欖石 Peridot

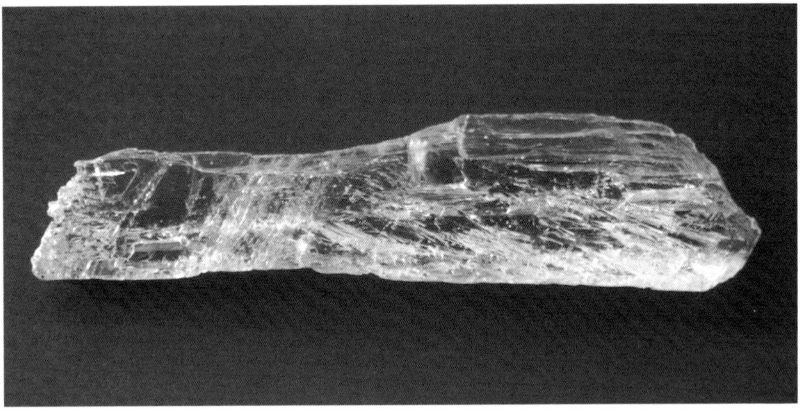

紫鋰輝石 Kunzite

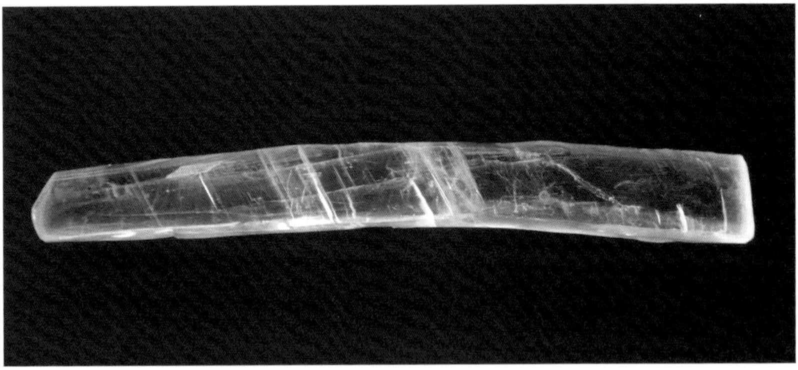

透石膏 Selenite

透明單尖發電機水晶是它們存在最普遍與純淨的狀態，具有在表達光上應具備的淨度，聚焦與傳導的能力。單尖紫水晶、黃水晶或煙水晶也可以是發電機水晶，每一種皆傳遞著它自己的特有品質。例如，紫水晶傳導聖靈的紫色宇宙光束，非常適合使用於第三眼中心上。

發電機水晶也在進化的旅程上。隨著它們經調頻連繫與運作後，它們將極有可能變得更加清透、明亮，並有能力傳送更多的光。

水晶簇

水晶簇是由共用一個底座的數個單尖水晶所形成。晶簇是由許多個別的水晶和諧與和平的共生著，它們代表著已進化的社群，在與其他成員分享著共同基礎與共通的真理時，每一個成員又能保有其個別的完美與獨特性。在晶簇上，所有的單位因連結而獲得在一個先進的社群中生活、學習與分享的益處。個別的水晶來回的反射光波到彼此上，使全部皆沈浸在整體所散發出的閃

爍光芒中。環繞在晶簇能量場的光，是非常明亮與強烈的。

這些水晶可以被放置在，你想要創造增強療癒振動頻率的區域，或放在你想要淨化氛圍的空間。例如，在某個房間中有爭吵發生，即可將晶簇放在那個空間，去淨化環境中的負面能量與氛圍。靜心時可將晶簇擺放在兩人之間，能使彼此之間取得更多的和諧。

如要將治療礦石、水晶或寶石淨化與再行充電，可放在大型的晶簇上至少三個小時。可將朋友或家人的相片放在晶簇上面或旁邊，去將正向的能量日以繼夜的傳送到所愛的人身上。晶簇也可以被直接使用於脈輪中心上，去融解任何負面或無益的影響力。這能使人們連結到自己的光源，達到身心的平衡。

可能有數以百計的單尖水晶出現在晶簇上，或可能僅有兩個。將小型晶簇使用於水晶治療排列上是非常理想的（詳參「重新充電」），而大型晶簇通常棲身於祭壇，桌上、櫃台上、窗臺、床架，或任何能反映出它們閃耀光芒的地方。對於那些需要和諧與合作的家庭而言，晶簇是一項非常美好的禮物。

白晶簇是最受歡迎及容易取得的，但屬於其他石英家族成員的晶簇，也具有同等質的美麗。其他礦石例如螢石或水鉛鉛礦，亦有形成精巧的晶簇形體。晶簇是大自然中不可思議的美麗作品，在觀賞時能帶給人們感觀與靈魂上極致的愉悅。

雙尖水晶

當六面體的石英連結在一起形成一個端點時，即產生一個單尖水晶。當水晶的兩端皆以此模式連接，雙尖水晶因而形成。這些特殊的水晶，有能力自任何一端引入與發射出能量。經由在水晶的中心部位將能量整合在一起，雙尖水晶可從兩端投射出已合一的能量精華。這股融合的力量，讓雙尖水晶能被用於特殊的靜心，與更進階的心電感應練習。

這些水晶是自成完整的，它們在兩端已到達完美的高峰。相較於在硬質岩層表面所形成的單尖水晶，雙尖水晶在柔軟的黏質土壤中生長。它們帶著無限制與界限的概念生長著，並在兩極處作為成長的完結點。雙尖水晶教導我們在靈性與物質二元性的表達上，保持平衡的可能性；它們象徵著將二元世界整合為一，並啟示我們將所有的兩極交會於中心。

雙尖水晶發散出人格整合的本質，十分適合使用來幫助心理或情緒失衡的人。就只是在每一手中握住雙尖水晶平均五分鐘，將能幫助鎮靜與放鬆，並進入更佳的心理與情緒穩定狀態。

當有負面能量阻塞在身體的組織、器官或能量場時，可在受到影響的部位，將雙尖水晶放置其上或握在上端。如此會創造出一股能量旋渦，將淨化與消融任何淤積、停滯或無益的能量。雙尖水晶可被使用在頭部中心（例如第三眼或頂輪上），去擴張意識層次，和諧地融合邏輯與直覺、物質與靈性。它們亦可直接被握住，導向位於腦部的不同區域，去激發人格或意識上尚未發展的層面。

這種型態的治療，可能演進至未來主義的雷射水晶腦部手術。以此方式運用雙尖水晶，可破除頑強不易去除的心理障礙，該障礙製造成癮的行為模式與不健康的態度。當這些舊有的模式消除時，即能有意識地在世界及個人生活中再造一個正向的願景。

雙尖水晶可以被使用在脈輪點上，以順時針方向旋轉去淨化與打開這些能量中心。如可行，使用一個雙尖紫水晶在第三眼上，一個雙尖黃水晶在肚臍上，一個煙水晶在海底輪上。在水晶治療排列中，雙尖水晶極適合放置於能量中心之間，去整合與協調能量中心。它們有助於融解任何阻止能量在身體中順暢流動的障礙。將雙尖水晶使用於眼睛下方穴點，或臉上疲倦紋路出現處，效果亦非常好。這類的新時代美容術能逆轉老化的過程，因其能將造成衰老的壓力釋放掉，並使臉部敏感的組織構造活化與回復青春。

心靈感應力的提升

另一項雙尖水晶的美妙運用，是提升心靈感應力的敏銳與精煉度。與你和諧一致的夥伴一起運作，雙尖水晶可被用來連結個別的心智與思想，進而創造與宇宙心智更強大的連結。這樣的靜心練習應永遠伴隨著肯定語的使用，並以保護的白光環繞著自己。練習這些心智能力的活動時，應決定誰先接收及誰先發送出思想。

每個人握住一個雙尖水晶，雙腿盤坐，脊椎挺直。發送思想的人將水晶握在右手中，將一端放在自己的第三眼中心，另一端朝向夥伴的第三眼。接收者將雙尖水晶握在左手，兩端以與發送者相同的姿勢擺放。繼而接收者讓自己進入非常寧靜、敞開與敏感的狀態，去感覺經由發送者全神貫注、觀想與發射的思想。以集中心智並傳送顏色為開始，其次以數字，進而傳送特定思想及個人訊息。

每一人應練習成為傳送者與接收者，去發展超心靈溝通的被動與主動層面。經由規律的練習，這個靜心可以在兩人之間發展出很強的心靈感應連結，讓他們即使在數里之隔亦能進行溝通。雙尖水晶也可被使用在個人的祈禱與靜心中，去傳送和平的思想，或正向地肯定個人的目標。

大型發電機水晶

大型發電機水晶是承載強大力量的工具，必須以知識與謹慎態度來使用。如果一個大型發電機水晶被適當的啟動，它會成為一個光的燈塔，聚焦與放射高能量雷射光束，能夠打開以太層以進入物質層面。與這些水晶運作時應帶著謹慎，僅能將最正向的人道主義思想投射入它們，因為它們會將思想放大與強化到一千倍。這就是為什麼大型發電機水晶非常適合使用於群體靜心，與為世界

和平的祈禱圈中。

這類使用大型發電機水晶的方式，是為促進世界改變而運用的一種最強而有力的方法。行星的磁場對我們的思想與投射是極度敏感的，且容易被其影響。這些心智產物，創造了我們所居住的實相。如果我們能使地球大氣層中充滿和平與愛的思維，地球會別無選擇的，將這些思想顯化至各地人們的生命與心中。

大型發電機水晶是無價的禮物，賜與這個星球來作為轉化的工具。如果這些力量體被濫用於自我中心或自私的目的上，業力引發的後果將反撲與損害濫用者。要明智的去使用它們。

大型發電機水晶是稀有的，有些大至四英尺且完美通透，有些則較為小型（六至三十六英寸），皆具有它們獨特的特質與風采。這些發電機水晶能被使用在個人的靜心練習或在水晶治療中，去設定正向的肯定語（參考第二章「集體治療靜心」）。在靜心或治療中，大型發電機水晶應向上擺放，尖端朝向天空。有時可以量身訂做一個木製座台，來協助維持水晶的水平位置。

在與大型發電機水晶運作時，可將小的白色發電機水晶（二到六英寸）握在心輪或第三眼之前（尖端朝外，指向大型發電機水晶），然後投射思想、祈禱或肯定語到大型水晶之中。當大型發電機水晶接收這些易受影響的超心靈影像，將會放大那些思想並導引進入以太層。隨著大型發電機水晶的雷射光束穿透更精微的心智層次，現存的模式能被改變。這將會依序顯化在物質世界中。

例如某人試圖戒菸，可投射正處於完全免除上癮狀況的思想與影像到一個大型水晶中。水晶將會使這個影像深植於心智層面，如給與滋養，將萌芽長成期待中的實相。

當與大型發電機水晶運作時，以太層是十分敞開的，強大的力量得以進入。這些水晶提供一個開放的雙向交流管道，發送投射的思想出去，同時又接收較高能量落實於大地。如欲從水晶與更精微的領域接收資訊與知識，可將小型發電機水晶握在手中並將尖端指向第三眼。這些訊息影像是非常精微的，心智需受過訓練才能夠接收與解讀它們。

大型發電機水晶能符合多用途的目的，能以許多方式被運用。它們能導引心靈感應訊息，淨化空間的負面能量磁場，將能量場充電，或使用在兩人意識同步的特殊白色譚崔練習。

練習此類專門的靜心時，應與伴侶面對面坐著，兩人雙掌交疊在一起，將大型發電機水晶朝上擺放在兩人之間。當閉上雙眼靜坐時，深深的呼吸，將意識集中在兩人間逐漸增長的能量上。大型發電機水晶將增加每一方的能量場，並將能量融合在一起。這個靜心應只能在兩人已選擇在身心靈上合一時練習。這個靜心可以每天練習，但每次的靜坐應不超過十一分鐘。

以此方式運用大型發電機水晶，將強化神經系統，使系統能沿著身體的神經通道運送更高的電壓量。如此能使人在肉體構造中攜帶更大量的光能，亦能淨化與強化能量場。

當單獨一人練習相似的靜心時，亦可獲得這些效果。直接坐在一個大型發電機水晶前，將雙手放在水晶的兩側，做深長的呼吸，使自己向水晶的本質敞開，且對水晶的光具有高度的接受性。同樣的，進行時間不超過十一分鐘。如果你覺得頭部充滿光或暈眩，放掉及移開握住水晶的手，將前額觸碰地面並做深呼吸。

這些特別的靜心，能將水晶的光與能量導引到你的電磁場中。一股強力的能量漩渦流，向下盤旋進入發電機水晶，並向外散發，使靜心者能接收到。接著那股光能散布到多重色彩的光譜中，隨著光能淨化、激發與平衡所有的脈輪中心時，繼而直接影響脊柱中心。當與這類力量強大的能量源頭運作時，處於身體、心理與情緒的平衡狀態是非常重要的。上述的靜心將會振動構成肉體的原子核心，如此將淨化肉體承載器，使能容納更大量的純粹光源。

請帶著敬意與最大的識別力使用水晶，且不要將它們的能量顯露給那些可能不知如何使用它們的人。

扁平水晶

扁平水晶是非常高振動的水晶，鮮少被認可灌注於其中的力量。扁平水晶具有不同於其他石英晶體的能量頻率，直至今日，它們完全的潛力尚未被適當的認可或利用。並不是在所有水晶礦脈中都可以發現扁平水晶，它是一種罕見的特殊品，是非常強而有力的水晶，值得為發現其存在而慶祝。簡單的描述，扁平水晶為扁平形狀的石英水晶，有兩個相對面較為寬大的六邊形，通常呈現雙尖端，且在特殊狀況下會一起生長於晶簇上。

扁平水晶在任何兩點之間，提供一座橋樑或連結的環結。它們的力量顯現在它們雙邊交互傳遞著能量，以維持完美的平衡。扁平水晶是連結的傳遞者，總是努力的以共同的底部結合磁極，將能量平均分配。將扁平水晶使用於平衡兩人、兩個脈輪或任兩個元素之間的能量上，效果非常好。當使用在水晶治療排列時，它們可被放置在兩個脈輪點之間，去建立連結及整合能量。例如，可放置一個扁平水晶在心輪與喉輪之間，讓更多愛經由口語表達出來。

在心輪與太陽神經叢之間，可放置一個扁平水晶，去平衡上半身與下半身的能量，釋放負面情緒。可將扁平水晶導向頭部的腦中心，去平衡大腦左右半球，並聯合雙腦的智慧與直覺。扁平水晶可被握在手中，或放在兩個尋求能量協調一致的人之間。它們是非常好的婚姻顧問，因為它們能為溝通或分享之間存在的鴻溝，築起一道連繫的橋樑。雙尖扁平水晶能被輸入訊息，使用在兩個意識同步的人之間的心靈感應溝通上。一人為水晶輸入訊息，另一人則以超心靈力調頻連繫水晶，去擷取資訊。這種先進的通訊形式，可能演進為一種新世紀的溝通傳訊方式。

在處理歇斯底里情緒或心智極度痛苦的案例中，可在每一手中握住一個扁平水晶，去平衡身體的能量流動，並幫助此人與他的較高自我建立溝通管道。當療癒發生在心智層面上，促使靈魂力量與人格產生連結時，其效果是立即而顯著的。扁平水晶並非去打破舊有的心智模式，相對的，它們在較高與較低自我、外在與內在自我之間築起一道橋樑。扁平水晶很適合被保存在急救工具中，或是隨身攜帶以供緊急事故之用。

在進階的靜心中，扁平水晶用來建立與無形存在體、地球以外的生物，或個人前世的連結。這種靈魂層次的溝通需要平靜與凝定的心智，及個人與使用中的扁平水晶之間的親密關係。這些靜心要求一個人的心智必須受過訓練，如果處於任何外在物質（如藥品或酒精）的影響下，是無法期待能達到連結的。

去練習這類靜心，以左手握住扁平水晶，對準及放在每一個脈輪處數分鐘，來使自己調整進入水晶頻率，且在你全部的能量中心與扁平水晶之間建立起一道連結。最後將水晶停留在你的頭頂處，並集中注意力在該處。觀想一股能量漩渦盤旋而下，經由頂輪進入且停留在第三眼。以你的第六感覺察，允許內在心智去詮釋你所接收到的符號、圖像、影像或訊息。

在練習這樣的靜心時，全然信任你所獲得的教導，並盡力將新的訊息整合到你的日常生活中。扁平水晶往往成為個人的靜心物件或私人的導師水晶，因為它們能在你與你的較高自我之間，建立起一道強力的連結。它們將會被那些與它們的頻率有最佳連繫，且能從中獲益的人吸引。扁平水晶通常出現在發展的關鍵時期，當你正邁入提升覺知的下一步或層次時，需要一個朋友幫助去連結、銜接起之間的斷層，協助跨越過門檻。

資料庫水晶

資料庫水晶是至今可被見證或運用的一種極神聖的水晶。萬古智慧能被儲存在此種水晶之中，與其適當的調頻連繫時，可揭開遠古知識與深奧的宇宙祕密。這些水晶曾經被聖靈存在體——促使地球人類生活演進的振動頻率創造者，或他們的直系後裔——亞特蘭提斯與列木里雅人（Lemurians；譯注：傳說中較亞特蘭提斯更早期的地球古文明大陸，人民擁有高度進化的靈魂、智慧與科技，後沈入印度洋中），有意識與目的地輸入訊息程式。

這些是最早定居於我們地球的純粹種族。這先進的種族存在體，來自遠超越我們太陽系的地方，隨著他們旅居與演化，他們在他們的記憶模式中，儲存了從世界與宇宙得來的所有教導與經驗。當他們來到我們的地球時，他們播下第一個落地生根的種族，至今已屆成熟，並在這無價的知識能被獲得時，將到達演化的頂點。

這些已開悟的存在體希望保護宇宙的祕密，當人類靈魂準備好時，能夠承繼這些宇宙知識的財富。特殊的水晶被揀選出來，這些水晶被輸入銀河系的資訊，且被放置在地底深處。在確切的適當時機，它們會來到星球表面讓確實合適的人使用。亦相信某些資料庫水晶在分享它們故事的時機到來時，就會憑空出現。

當此類資訊被連接上時，這經驗與學問的世界即能為人類的靈魂所擁有。從資料庫水晶頡取資訊具有雙重目的。其一，是去滿足每一個靈魂的渴望，去求追真理及有關人類種族與人類靈魂起源的知識。其二，當個人了解存在於自身內在的真理，並感覺與他們的源頭連結時，行星人道主義的目標即能被達成，因為每個人將成為地球的療癒使者。

記憶體水晶擁有它們自己的防護系統，只有在擁有純淨的內心時，才能將意識調頻、接收到水晶內部蘊含的智慧庫藏。高振動頻率的靈魂，現被賦予機會去探尋永恆的知識，並將知識深植於他們的存在。此並非平白給與的資訊，而是提供來提升個人自性之光，獲取用更深層的個人智慧與更多的寧靜，去用於你的世界。它並非療癒的能量，它是智慧。

資料庫水晶皆有一個神聖符號銘刻在它們的其中一個平面上。這些符號不容易被看見，通常需要在亮光下觀看水晶，近距離去檢視水晶所有的平面來搜尋。如果是資料庫水晶，會發現一個小型的完美三角形，出現在形成尖端的六平面中的一面上。這些小三角形本身不是平面，它們實際上已被蝕刻在水晶中。如果你以手指滑過三角型，你將感覺到刻痕存在。

這個古代宇宙的三位一體符號代表著完美平衡的實現，即當我們的身體、心智、情緒層面，與頭頂點的靈性之光聯盟合作之時。它也是代表第三眼全視能的符號。三角形即是眼睛，三角形是水晶之眼，也是通往強大智慧之門。這個在資料庫水晶上的符號，顯示出在它表面下所蘊藏的廣大資源，能以超心靈力擷取。

亞特蘭提斯文明的失落，是因為宇宙力量與知識曾為了自私目的而被加以濫用與誤用。許多亞特蘭提斯人對資料庫水晶輸入資訊程式，以保留他們的智慧，期待來世再將資訊復原。直至今日，許多這般的神聖知識已無法取得。重要的是去接受全部的責任，並對這類資訊帶著全然的尊敬。若這些水晶或內含的訊息再度被濫用時，可能產生的損害會令這些資訊無法在這星球上被讀取。

去與資料庫水晶運作是一項責任。所收到的訊息可能不像任何你曾見過或經驗過的一般，儲存其內的資料完全與地球上的物質生活無關。接收資訊者不僅需訓練敞開他們的心智，去接受非比尋常的概念，且必須有能力處理這些資訊，並應用在他們的生活上。

隨著更進階的訓練，這些水晶能將意識傳輸到更高的次元與更偉大的實相中。這些經驗與接收異次元資訊的目的，並非去逃避地球世界的生活，而是將更高等的知識、智慧、和平與愛融入我們的星球。當人類心智持續擴展，直到能包含一個更偉大與更高的生命與宇宙真理時，這整個星球將演進成為寶瓶世紀。

一般而言，資料庫水晶是個人的靜心水晶，有時甚至不適合被別人觸碰或看見。與資料庫水晶靜心時，把小三角形放在第三眼中心上，閉上眼睛，凝定心智，放鬆與接受。如果你注定去體驗一個資料庫水晶，那件水晶將被吸引來到你身邊。在你的收藏中可能已有此類的水晶。察看水晶中是否有白色的內包物，像似螺旋狀的銀河系，並觀看任何形成尖端的水晶菱面，是否有一個三角形刻印在其上。水晶中最具接受性，能被輸以資訊而成為資料庫水晶的，是白色單尖發電機水晶。有時亦會在組成晶簇的水晶上，或紫水晶、黃水晶或煙水晶上被發現。

導師水晶

導師水晶是自成完整的本體，內部蘊含了浩瀚的個人及宇宙知識的資源。它們來這裡是為了教導，實際上沒有需要向人類學習的地方。這些水晶具全然的獨特性，且在外觀上無相類似的水晶。每一個導師水晶有其多度次元的宇宙。有時它們是雙尖扁平水晶晶簇，或完美的白色大型發電機水晶。它們可能是水晶顯化的任何綜合體或變形體。它們的臨在與權威將會使

你認出它們。它們具有帝王般莊嚴的本質，往往能得到當下的敬重。

在過去我與水晶工作的十二年中，僅辨識出三位尊貴的導師。據我所知，這些水晶是為特定的個人而存在。當那些特別的人被召喚到其中一個導師水晶的所在之處，他們將立即知道它是專供他們使用的，其內部蘊藏著有關他們演化的下一步必要資訊。雖然有許多人將會被導師水晶的美麗與力量吸引來，但實際上它們將僅與其中非常少數的人一起運作。當導師水晶已將它的智慧完全傳輸給一位學生時，它將會離去。繼而是畢業生的責任，將它讓與給下一個請求它們存在的人。

與導師水晶一起運作的方式是相當個人化的。導師水晶將傳遞給學生運用它們的精確方式。有些是在睡覺時放在枕頭下或夜燈上，去協助靈魂出體的經驗。有些導師水晶用來記錄夜裡的夢與教導，提供早晨時回復與讀取。

以此方式，水晶能幫助整合不同層面的意識。某些導師水晶被使用在靜心中去引發亢達里尼能量經驗，有些則以隨身佩帶方式使用。不論以何種預定的方式去使用導師水晶，它們將會直接在個人的發展過程上工作，並協助他們進行下一步。導師水晶是無價的朋友且非常值得信賴，因為它們是全心的與你連繫，並關切你的實踐情況。

如果是已注定好的，導師水晶將會出現在你的生活中。如出現，享受他們的臨在，校準你的心智頻率去與它們溝通，學習它們無上的教導，鍾愛它們，並給與它們自由去與其他人繼續進行它們的工作。它可能讓你擁有數年，或終生持有。但如果在你的課題教導已完成時，有些人來到並知道水晶是他們的教師，你就必須釋放它。導師水晶是最珍貴的禮物，它最終的教導即是超然、無執著與分享。

彩虹水晶

當純淨的白光散布與表達它數度空間的多彩色光時，彩虹因應而生。彩虹中的每一個顏色，都攜帶著它特有的本質、振動頻率、存在及目的，去彰顯出其獨特的光束。彩虹是純淨白光在物質世界中，能被看見的最接近的顯像。彩虹是白光發展形成較為稠密形體的第二階段，隨著光進入物質界，它以無限量的方式表達它自己。

實際上，一切事物皆是自身光與色彩的演出。彩虹是光在色彩全像與多重平面形體上，所呈現出最特別的符號。它們是整體宇宙萬物的代表。在暴風雨過後望見彩虹時，是個對希望與嶄新生命的提醒。彩虹將天空與大地連結與整合，屆時光束的生命能被延續。彩虹是個象徵，隱喻著在我們懷疑與困惑的烏雲背後，永遠有太陽守候著。

在特別的狀況中，在白水晶中能發現這些光的明亮代表。這些彩虹選擇住在水晶世界的內在聖殿中。水晶有卓越的能力去捕捉彩虹光束，並展現其榮耀與神奇力量給我們。這些特別的彩虹水晶是來自宇宙的禮物，給與任何受到祝福領受的人。

隨著水晶在光中被翻轉與賞玩，在水晶中發現的彩虹將歡欣地舞動著。彩虹水晶能教導我們如何多方面去表達我們自己獨特的光，且同時在生活的所有層面上，保有純粹與多姿多彩的意識。

彩虹水晶能被使用在靜心中，去護送意識安然進入純淨白光的領域。在彩虹水晶靜心中，人類的覺識可以經由彩虹光束旅行，一路回到純淨白光的源頭，偉大太陽系中心之光。這個永恆的光源是建構所有實相的基礎，即便是在瞥見時獲取，或即使是一瞬間經驗到這個無限力量的本質，就足以蛻變個人生命的特有本質。當這個宇宙的連結已接通時，沒有什麼是無法達成或轉化的。當人類的靈魂與宇宙力量聯合時，實相將以一個新的次元呈現，個人將被賦予力量。

去練習彩虹水晶靜心，選擇將水晶握在與眼睛齊平的位置並凝視水晶，允許你的意識去接收光與色彩的真實本質；或者閉上眼睛、將水晶放在第三眼上，允許它的本質帶你進入一段內在的旅程。

將彩虹水晶用於治療正經驗著哀傷、悲痛或沮喪的人是非常美好的。以左手握住彩虹水晶並將它對準心輪處，那些感覺將會被融解與緩和，並以喜悅、熱忱、自信與愛取代。當彩虹光束放射它多彩的神奇力量到我們的生命裡，我們將能為光的力量與愛奉獻更多。帶著歡樂並在喜悅中使用這些令人欣喜的禮物。

程式化投射水晶

投射水晶可能屬不同種類的水晶。有時它們為平底的大型單尖發電機水晶，有時以晶簇狀，或以雙尖共生於同一底座的水晶形體呈現。符合投射水晶的先決條件為底座呈平面狀（及偏好為白色透明狀），且水晶尖端必須指向同一方向。這能使水晶去將欲投射的影像，以一個非常聚焦與集中的方式放射出去。將投射水晶使用在輸入資訊予以程式化是非常理想的，因為它們能將轉移到它們身上的思想與影像發送出去。

去對這些水晶程式化，將水晶尖端帶到第三眼中心前，將影像、思想或祈禱集中貫注進入水晶中。水晶將接收這些精微的影像，並將之投射到現場環境中去協助創造想要的結果。這些投射可以是傳送給他人的療癒能量、正向肯定語、渴望的目標或對行星的祝福祈禱。

不論所投射的是什麼，在你的意識之眼中清晰的觀照著，繼而將思想發射到水晶的尖端。在傳送療癒能量給其他人時，可將此人的照片放在水晶下方去強化它的效果。如果你所進行的是去肯定個人目標，你可寫下一個簡短的摘要並將紙條放在水晶下方。如欲將光傳送給行星，可擺放一個世界的照片在投射水晶旁去強化它的效果。

藉此方式將水晶程式化，在你的注意力必須轉移至其他事物時，那些正向的思想意識，仍可繼續經由水晶日以繼夜的散放出去。藉由維持一個持續性的思想意念投射，實現期待結果的可能性，將在更短的時間內大幅增加。這些輸入訊息的水晶將攜帶著那些思想影像，一直到它們被淨化為止。去淨化先前輸入的訊息及準備為水晶注入新的思想投射，陽光與水的淨化法是最佳的選擇。

去創造一個期待的氣氛或將水晶作為禮物給與出去之前，亦可使用此方式將水晶程式化。例如有一個非常特別的朋友來訪時，可對一個投射水晶輸入那人盡情的享受自己，放鬆及處於充滿正向能量中的影像。也可對水晶輸入相似的思想意念，作為禮物贈與對方，在拜訪結束後去繼續強化兩人的友誼關係。

把輸入資訊及程式化的水晶，給與在醫院裡或臥病在床的人也是很好的。傳送你的療癒能量到水晶中，且在你給與時確保尖端直接指向接受此能量的人。這些已輸入水晶中的精微投射，會將正向的思想與療癒能量充滿整個環境，且創造出明顯的效益，不論人們在意識上能否理解。這些種子將根植在潛意識中，會在適當的時刻生長與開花。

水晶也能被輸入你的存在，將它放在你想身處的環境中去保持那個連結。如果一位朋友即將到一個你無法去的所在，你可將你的本質投射到水晶裡，讓他們在旅程中攜帶著。以此方式，你部分的存在（分身）將會伴隨著他們。藉由將這些水晶留置在這星球上特別的地方（金字塔、寺院、聖山等），它能設定一個與地球力量點的心靈感應連結，並利用它們提升的能量。

水晶球

純淨的水晶球所擁有的力量，是人們必須校準連繫並經過訓練才能使用的。水晶球永遠是一個超自然、神祕、潛藏智慧與預測未來的象徵；水晶球也是權力的代表物，在發展超心靈能力上有很大的影響力。當凝視水晶球時，有可能看到過去或連結進入未來，這就是為什麼數千年來水晶球被用來當作預測工具。當通靈者使用水晶球來閱讀通靈訊息時，他們所做的，是觀看一個人反映在球體上的能量場影像。如能闡釋那些影像，有可能去「看見」並知道許多有關此人的事情。

欲進行這類心智練習及發展此種能力時，與一位夥伴對坐著，將一個水晶球放在兩人中間。半睜眼凝視進入水晶球中，使心智集中與凝定。當第三眼的內在視覺被打開，即能看見反映在水晶球上的能量形態。隨著心智的訓練，這些能量形態將清晰與明確。立即信任所見到的，毫不遲疑地將所見到的同步敘述出來。隨著這個直覺表達之流持續著，有可能因與水晶球的連結十分緊密，而足以使在球裡看見的影像如同水晶球般清晰與明確。開發水晶球凝視的藝術，是一個打開第三眼全視能，與超越時空幻象透視的方法。

純淨全美的水晶球通常是昂貴的，但如果能妥適使用它們，絕對是非常物超所值的。在水晶治療中，它們的存在幫助治療師與被治療者之間取得更多的連繫。大部分的水晶球並非是完全清透的，在它們內部常有銀河漩渦狀、雲霧狀或彩虹呈現。每一個水晶球皆擁有要分享出去的獨特人格與存在特質。有些水晶球是完美清澈與通透的。這些是使用在個人靜心上最好的工具，藉此去獲得更多的靈性清晰度與內在洞見。

去練習這類靜心，在雙手手掌中各握住一個水晶球，停留在心輪或第三眼中心的位置。凝視進入水晶球三分鐘，並允許透明的白光影像根植深入潛意識。以此方式持續進行達三十分鐘，再度將覺知集中，從觀照外在球體的光進入到體驗光的內在經驗。

水晶球是無價的強大力量代表物，對這些工具的使用，應帶著知識與最至善的意圖。

幻影水晶

在少有的場合中，當注視著水晶的內在世界時，會發現有較小型的金字塔形狀內包物。這些水晶的內在鏡子稱之為幻影，且更像是樹裡的年輪，記錄著在水晶演化中所經歷過的成長模式。幻影水晶已經驗過累世的學習，並歸併在相同的物質形體上。在其內的幻影記錄著一段成長期，是水晶形成完整，停止生長與其後繼續生長，超越期待與進入未知的地方。有些幻影水晶有許多內在進化線，當與其調頻連繫時，能將水晶內在生活的祕密揭開。

幻影水晶是稀有迷人的，它們代表著在一個人一生中，所能經驗到的多方面發展。幻影水晶是一個知識的高峰，是水晶在它自己獨特的演化週期中取得的。可以將這些珍貴的工具使用在靜心中，去學習如何在你的靈魂紀錄中進行深度的旅程。藉由深入的凝視存在於水晶內部的幻影，繼而閉上眼睛將該影像帶入你的內在心智中，有可能隨順著你自己的記憶旅行，並沿你靈魂的族譜追溯至源頭。

這種經驗的力量不能被過度誇大。它是一個在進行淨化與準備的往後幾年內（若非需窮其一生），個人會開始著手去經驗的旅程。在這個準備的過程中，幻影水晶能成為強而有力的工具。他們象徵性的存在，能為我們所生存的多重面貌生活提供線索，並能向已淨化的心智揭露出以多種形式存在的真理。

如使用得當，幻影水晶能解開並開啟靈魂神聖殿堂的大門。它們是進入更高次元與內在層面的鑰匙持有人。以崇高的敬意與謙遜使用它們，它們將帶來更多有關於你自己的教導，遠超過你所認知的部分。幻影水晶靜心要求心智上的訓練與耐心。重要的是記得當練習這些靜心時，一般覺醒程度的心智，尚未能適應去接收這些水晶所散發出的精微振動頻率，需要花一些時間去訓練心智，使有足夠的凝定去闡釋這些影像。然而經由持續不懈的練習，幻影水晶將成為忠實學生的一位最具價值與重要的老師。

光盒水晶

光盒是長方形或正方形的木製結構，中間留有洞口以供放置一個小型燈泡，濾光鏡或色膠放在光向上照射穿越光盒的洞口上，而光盒水晶就放在濾光鏡上面。當以此方式使用水晶時，它們將那些彩色光束放大與發射到環境中，去進行療癒與提升能量。

例如，你想要在進行水晶排列時將療癒能量帶入現場，可使用一個綠色的濾光鏡，將一個水晶放在其上，尖端朝向你。如欲創造一個寧靜的靜心氣氛，可使用一個藍色的濾光鏡，並將一個晶簇放在頂端去散布出平靜的藍色光束。當水晶以此方式被使用時，它們變成特定色光頻率的增強與放大器，繼而創造出特定的氣氛或效果。當光與色彩以此方式穿過水晶反射出來時，水晶的內在世界與次元因之甦醒，且能被目睹與賞識。

光盒水晶可能是平底面的單尖發電機水晶或晶簇。被視為光盒水晶的唯一要件，是能將光自底部向上穿越整座水晶反射出去的能力。帶有厚密石底的水晶是無法履行此項功能的。光盒水晶一般具有清澈透明的底部，且通常是雙尖或在底部自然形成尖端。

在將水晶搭配特定的顏色使用在光盒上後，如希望以其他顏色使用它時，最好先將水晶淨化（陽光與水的淨化法即足夠）。光盒水晶通常是透明石英，但其他水晶如螢石金字塔，也能被拿來使用與經驗（詳參「螢石金字塔」）。

紫水晶

紫水晶反映出紫色的光束，是第三眼的一種顏色。那是一種在特殊傍晚的日落中，當黃昏轉換日光至黑暗時可以被看見的顏色。此顏色象徵著意識的改變，從正常的清醒狀態進入到覺識轉變的模糊地帶。在那些能量轉換最迷醉的時刻，紫水晶光束反映出去轉換實相的神奇力量的本質與能力。

紫水晶是提供靜心使用的一種最佳礦石。因為紫水晶的顏色是第三眼最高的振動頻率，可將紫水晶礦石直接放置在這個區域上（當此人面朝上平躺時），去引領進入靜心狀態。紫水晶溫和的說服力，暫時靜止了充斥在意識中的世俗思維過程，而使心智得以體驗到寧靜。在紫水晶誘導心智朝向一個更深的了解時，它引導覺知遠離了自我中心的思想模式。

隨著心智臣服與思維平靜時，偉大智慧的微光與暗示將滲透進入意識中。紫水晶的能量教導心智如何謙遜，如此進入更高等的心智之門即能被開啟。被這礦石引發的內在的平靜與和平，能使一個人深入寧靜之海，並參與那個超越慣性心智活動的寧靜狀態中。

紫水晶在此教導著謙遜的課題，它極樂意指導心智如何臣服在自我的聖壇下。僅有在那時，個人始能跨越門檻進入真知與智慧的領域。只有當心智了解到還有某些東西更遠高過於它自己，尚有許多限制在它的思維構成上，它的感官僅能覺察到全體真相的一小部分而已時，始能開始領會生活與存在的意義。只有放掉所有曾堅信為真的，才能認識終極的實相。只有經由低頭，循環才得以進入頭部去提供更高意識的經驗。

紫水晶在此述說：「放手與信任」；「全然的捨棄會使你獲得更多」，「臣服，你便能看見並超越那些消耗你的注意力，並將意識攀附在物質世界的循環與環境」；「低頭吧，你能因而成為一個更大整體的一部分」；「成為空無，你便能完全的被充滿」；「使自己成為謙遜，宇宙的力量才能指引你的路。」

紫水晶能引動智慧與更偉大的領悟，對那些因失去心愛之人而傷痛的人們是很有幫助的。它的存在提供著安慰，因為它在潛意識傳遞著沒有死亡，只是過渡與形體改變的訊息。紫水晶將沉默的建議著：「慶祝你所愛的人已找到的自由；慶祝靈魂已從肉體的禁錮中解脫；釋放你的悲傷，以傳送喜悅思想與愛的禱告取代，來協助穿越那個過程。」視死亡為哀痛是因我們尚未接受到靈魂永生的教育。

紫水晶能被稱為「靈魂的礦石」，因為它將它的訊息傳送給存在體的靈魂層面，啟動了靈魂深度的經驗。因為紫水晶能直接向靈魂溝通，在瀕死經驗中握住或與它一起靜心是十分理想的。當對靈魂的力量有強烈的認同時，能較容易自暫時性的軀體中解脫，在經歷死亡過渡期時能有更多的放心與平靜。因此它是理想的礦石，去送給患有末期病症的人，或使用在去經驗有意識死亡的準備過程中。

因為具有鎮定心智的作用，紫水晶可用來幫助工作過度、壓力過大，或被頭腦淹沒的人。它是緩解緊張或偏頭痛的最佳礦石之一，因為它能消除造成這類症狀的精神焦慮。紫水晶的紫色是由藍與紅的色調所組成，藍色會將和平帶入紅色的行動能量，因此對那些性急易怒（紅色能量）的人是很好的。在脾氣上升時拿來握著、佩帶或靜心，可回復心智的平衡。

紫水晶對那些因週期性惡夢而受苦的人特別有幫助。在就寢前，將一個紫水晶向上握在前額，並輸入引導心智安穩地直達睡眠狀態的訊息，然後將它放在枕頭下方，安心的睡覺。任何想要有甜美夢境、一覺安眠的人，皆可在睡覺時將紫水晶放在枕頭底下。

在靜心中可將單尖紫水晶或小型紫晶簇握在左手（尖端朝向手臂），去將紫水晶能量引入身體中。這能使身體放鬆，並使一個人對靜心經驗更加敏感。將大型紫水晶簇放在靜心祭壇上並作為凝視的專注標的，是十分理想的。這類的靜心將訓練心智如何在覺知集中於外在世界的同時，亦能歸於中心與保持平靜狀態。

紫水晶與粉晶是非常好的朋友。當紫水晶溫柔的紫色鎮靜心智時，粉晶柔和的粉紅色撫慰了心。這些礦石可以在水晶治療中一起使用，作為飾品佩帶，或與之靜心，帶來心智與情緒能量的平衡。

幸運地，紫水晶產量多且容易發現。因為它們是最美麗的水晶形體之一，能偶然的在不同種類的商店及大部分的礦石店發現它們。它們在色彩上的範圍，從深暗紫色到帶有紫色調的透明白色。一般而言，愈透明與深暗的，就愈具價值與昂貴。深色的寶石級紫水晶通常以多角度切割琢磨，與其他的寶石以品質、美麗與價錢區分等級。這些礦石最好以黃金鑲嵌作為寶石佩帶，去展現出它們的美麗並接收它們特別的效果。

紫水晶晶簇、單尖水晶與晶洞能作為水晶治療的收藏行列，添加美麗與活力。在水晶治療中，小型紫水晶晶簇通常被放在第三眼處。小型的單尖水晶能被用在經絡線上，去平衡精微能量場的流動。將小型單尖水晶以尖端朝下方式鑲嵌與佩帶，去將紫水晶的能量流引導進入身體。

粉晶

粉晶是心輪的基礎石。它的能量本質是自我實現與內在的和平。粉晶溫柔和緩的粉紅色，撫慰與治療任何心中所累積的創傷。它是一種提供給那些無法體驗生活喜悅的人的礦石，因為它們從未擁有給與他們的愛。它為那些尚未經驗愛的真實品質，因而無法進入心的內在領域之人而存在。作為石英家族中的重要成員，粉晶承繼強而有力的療癒能量。此外，它顯化了粉紅色溫柔甜美的穩定頻率。

出生排行在後的小孩，通常未能接受到在發展正面的自我形象中，不可或缺的愛與滋養。如果基本的情緒需求不能被滿足，小孩將潛意識地斷定他／她是不值得被愛，結果將出現不知如何去愛自己，如何給與或與其他人分享愛。承受這種失落的小孩在成長時，將會以深植的寂寞與無價值感，來作為對自己本身及生活的態度。當對自己無好感時，是非常困難去吸引正向的環境或圓滿的關係。不幸的，在孩童時代從未接受愛的成人，通常無法提供愛給他們的小孩，而這個惡性循環將繼續進行下去。

除非一個深入的治療發生並消除了這些原始的印記，否則只有極小的機會，能達到內在的平靜與真正的快樂。粉晶是此種內在創傷的治療師，它教導個人原諒的力量，並為心重新輸入去愛自己的程式。粉晶教導著愛的源頭是來自於自己的內在，且來自這源頭無止盡的愛，對任何的傷痛，無論是如何的深層或痛楚，都能療癒。粉晶在治療心輪時，將亦啟示潛藏在許多負面孩童經驗的課題，是教導自己學習如何去愛與滋養自己。

粉晶溫和地滲透進入心輪的內在密室，那是所有情緒經驗被記錄與貯藏的地方。當粉晶見證記載於心中的創傷時，它神入、了解並開始去融解累積的負擔，這些負擔抑制了心給與及接受愛的能力。

粉晶像是一個年長的聰明女人，知道所有的答案，並能以目光的投送來治療。當粉晶能量被接收與感覺到時，靈魂將如釋重負般的嘆氣，因為靈魂直覺地知道療癒即將到來。這個神聖的粉晶本質開始促使能量循環遍布心輪，帶來內在滋養與安慰。當愛的臨在被感覺到時，限制愛流動的悲傷、恐懼與怨恨，會被深度的個人成就與滿足感所取代。這會形成使內在和平與滿足成為個人實相的基礎。

粉晶的治療過程可能花上數月或甚至數年去完成，取決於傷痛內藏的深度，與個人去為心重新輸入程式的意願。當過程展開，準備好去回憶許多，在過去最初創造情緒壓力的已遺忘經驗。在你鼓勵壓抑的情緒釋放時，允許眼淚流出。在這些脆弱的時刻，經常攜帶一塊粉晶在身邊或佩帶粉晶做成的飾品。這正是個絕佳時機，去將你的許多能量內化，且奉獻給你自己的療癒過程。嘗試著為自己安排安靜的時間，並與能了解與覺知療癒關鍵期正發生的人在一起。

當你在說服自己有多麼愛自己時，正是去練習正向肯定語的理想時期。赤裸的站在鏡子前，去看著鏡中的自己，告訴自己你有多麼美麗。看著自己的眼睛，表達你對所經歷過的一切事情的感激。在傾聽你想要說出的話，並與自己溝通你內心深處最真摯的祕密時，去對自己再度輸入訊息程式化。有意識地填滿所有空缺的空間，並學習去信任你自己——不論發生什麼事情，你將永遠陪伴、守候著自己！

這種愛自己的方式是擁有安全感真實的基礎。所有其他在生活中依附與執著的事物，是注定會改變的，只有自己與自己聯合才能形成基礎，在那個基礎上，能有效與成熟地去調整與適應所有生活中的改變。

如果你為別人進行水晶治療並希望在心輪上使用粉晶，應準備好去面對與處理情緒的釋放，壓抑的遺忘記憶及感覺的浮現。在水晶治療後的數日中，隨時提供安慰、諮商與傾聽，因為這是粉晶所要求的其中一種課外行動。當在水晶治療中運用粉晶時，最好使用至少三個礦石。一個直接放在心輪上（在胸腔中心與乳頭成一直線），另兩個各置於其上下。如果你有多餘的兩個礦石，將它們放在置於中心礦石的兩側，在胸膛上形成一個十字架形狀。紫鋰輝石與粉紅電氣石也是屬於心輪的礦石（參考它們的特殊目的），且能與粉晶的內在療癒力量結合使用。

在當粉晶對心輪執行情緒手術時，將一個紫水晶放在前額，黃水晶放在肚臍去平衡心智與肉體的能量，能收附加效果。告知你的客戶，在粉晶治療後，他們將可能非常的敏感、脆弱與情緒化。建議他們在至少二十四小時內，要更加好好照顧自己，且以美好的事物來款待自己。粉晶可被使用在脈輪平衡排列上，作為心輪充電的中心礦石，或用在任何一般性的排列上（參考第三章）。

當心輪從粉晶的本質得到滋養與治療時，它將變成肥沃土壤，提供愛的花朵生長。當溫柔的粉紅光束種植與注入氣場中，滿足的花朵綻放呈現，愛的真實意義能被了解。只有在先學習能給與自己愛之後，才有可能真正的愛別人。除非一個人能從內在滿足自己，否則他們將永遠對別人給與的愛帶有期待與失落。但如果心能自成完整，與他人所分享的愛將會是純粹且無附帶任何期待的。

在永恆的心之泉源已接通時，將獻上隨時斟滿的愛與分享來回饋。當一個人學會如何在此程度上真實地去愛時，他們本身的存在能治療那些圍繞在他們身邊的人，他們的存在將散發著光。真實的愛是在心輪所能到達的最高境界，粉晶能開啟此過程。

粉晶以不同形體出現。最受歡迎，容易發現與較不昂貴的是小的卵形滾石（tumbled stone）。將這些卵形滾石使用在水晶治療上，或放在口袋或錢包中隨身攜帶是很理想的。經蛋面切割或多角度切割的品項，通常具有較佳的品質且較為昂貴，將它們運用在水晶治療排列上也很好，或可以黃金鑲嵌當成寶石佩帶。

近來粉晶飾品很受歡迎，且有不同的尺寸與獨特形狀的創作品。佩帶粉晶項鍊是十分理想的，因為它們緊貼著胸被佩帶著，能刺激許多心輪的穴點。粉晶晶簇很罕見，不容易發現且非常昂貴。更稀有的乃是單尖發電機水晶形態的粉晶。如能找得到並負擔得起價錢，在水晶收藏上，粉晶晶簇或單尖發電機水晶對水晶收藏而言將是項寶貴的資產，或在水晶治療上會是具卓越力量的物件。

黃水晶

黃水晶反應出從金色光到暗褐色的色彩範圍，這個重要的石英家族成員特別為臍輪而存在，它的黃色光束刺激所有身體系統的活動。黃水晶能量有如太陽般：溫暖、撫慰、滲透、供應能量及給與生命。

與臍輪中心連結的意識是肉體與物質的力量。當我們知道豐盛是我們的神聖承襲物時，黃水晶的能量將會在那裡協助我們吸引大地的富裕。當臍輪是進化與精煉的，有可能吸引任何生活所需要的物質財富到生活中，有如獲神助般。在這個意識狀態上實際發生的，是當一個人能校準連繫到創造力的光能，經由簡單的澄明、確定並投射出所想要的事物，它將會被以強大的磁力吸引到你身邊。

非常重要的是，只能將這個吸引與顯化的力量使用在較高目的上。如果使用在滿足自私的自我目的，所吸引來的事物將會成為依附執著，最終將為擁有者帶來損失與悲傷。黃水晶能被使用來建立與強化身體周圍及體內的光能力量場，使創造的力量能被導引與有意識地使用。

臍輪是物質顯化的主要中心。那些在意識上完全地附著在地球世界物質主義的人，可稱為「被他們的肚臍纏住」。去精煉與成為臍輪中心的主人，那是最具力量的能量中心之一，將測試個人的品格與正直。人們是極容易去執著依戀在地球上的享樂與富裕上，但如此，個人將喪失機會去看見所有財富生成的源頭，而只會全神貫注於地球的幻象中。僅在臍輪中心被頂輪支配時，臍輪的能量才能被適當的傳導，並能免於沉溺短暫享樂的恐懼。

金色是頂輪的顏色之一。這個金色的光束顯化成高品質的黃水晶顏色，能被用來將純粹的頂輪能量傳導到臍輪，運用在意識的顯化與創造的目的上。傳送入身體的金黃色光束能提供保護，並引導將這個力量強大的創造能量運用在個人生活中。在水晶治療中去傳導這個金色的光束進入身體，放一個經多角度切割的寶石級黃水晶在臍輪上，同時將一個透明金黃色的黃水晶握在頂輪上。觀想一道金黃色光束連結著頂輪與臍輪。

因為臍輪與太陽神經叢（貯藏情緒記憶的地方）是如此緊密的連結，臍輪的肉體活力會經常被太陽神經叢的能量渦流侵奪。黃水晶晶簇能被用在心輪、太陽神經叢與臍輪，去為身體重新注入能量，並使臍輪與心輪調和一致。通常，臍輪的緊縮將造成許多不同的身體問題，例如消化不良、腎臟與膀胱的感染及便祕的情形。黃水晶晶簇能用來放在受影響的部位正上方，去打破與消除產生身體問題的心靈與情緒的關聯性。例如，如果某人患有便祕問題且無法適當的消化與吸收食物，他們也極可能無法去調適生活中的混亂。

黃水晶是最理想的礦石，去用來強化心靈體及身體。這股力量，將使個人能對眾多影響全面性健康的情境調適得更好。黃水晶幫助心靈力的消化與吸收，它的能量協助個人去處理生活上的事件，使他們回歸正確的序位，並免除濫用與消耗的情形。這種能力能幫助個人去順應生命之流，來代替徘徊、舉足不前的情形。

在那些對外在環境能量與影響過度敏感與極度脆弱的人的案例中，黃水晶可以被用來佩帶、攜帶，或使用在水晶治療上。橘黃色的振動頻率將會增加環繞身體周圍的光，持續進行將創造出一個保護的能量場。這會使個人減少受到負面振動頻率及影響力的感染。在一個人需要自信與安全感的情形，黃水晶將會是一種很好的協助礦石。它是一個表達自信的礦石，且能將內在安全感轉移到你的能量場中。

它與來自頂輪白金色光的本質共振著，而能使你的生活實相變得閃耀光亮。高品質的黃水晶能如此明亮地反射著金色光，以致它能將正向的太陽光能直接發射到你的環境中。單尖發電機形體的黃水晶能以黃金鑲嵌並將單尖朝下佩帶著。以此方式使用，水晶能成為極有力量的管道，將頂輪的能量傳導至身體中。黃水晶在任何所到之處及在任何運用方式上，皆能引發一個更高的振動力量。

黃水晶是最佳的礦石，去運用在努力成就紅塵俗事，例如事業、教育、人際關係或家庭等事務上。黃水晶將靈性力量以精緻的運用方式，呈現出強而有力的表達，能用來輔助任何生活事件或情境。藉由與黃水晶靜心，個人可感覺到一股來自內在與外在洋溢的溫暖。黃水晶的主要目的是去將金色光能顯化到物質世界。它履行的很好。

黃水晶出現的型態有晶簇、單尖與雙尖發電機水晶、寶石級切割及多角度切割礦石，與小型卵形滾石。以合理的價格，即能購得這個金色光束的明亮投射器，要積極的運用它。

煙水晶

煙水晶是最出色的黑色礦石之一，它所能容納光能的數量在黑色礦石中堪稱第一。黑色連結著第一個脈輪中心，煙水晶是使用在水晶治療排列上最強而有力的一種礦石，可激發與淨化海底輪。此能量中心如尚未發展進化，連結著海底輪的意識可能是十分頹廢的，並且只關心私人利益的滿足。但當這個脈輪散放著光芒並與其他較高脈輪平衡時，它即成為將靈性力量彰顯在肉體上

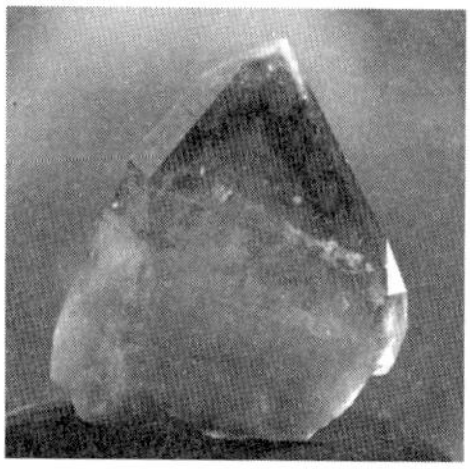

的基礎。煙水晶將頂輪的白光能量傳導到第一脈輪，去深入根植於物質世界。當此情形發生時，個人將被賦予來自上蒼的力量與祝福，在地球上更具個人力量。

當以煙水晶做成飾品佩帶或使用在水晶排列上時，它的能量將引發身體內在原始能量的活動。它將活化第一脈輪的生存本能，但會以淨化過的形式呈現。它將使個人對於能在地球上走動與居住於肉身而感到自豪。煙水晶啟發個人接受挑戰與責任，去改變個人生命品質與地球上的生活。煙水晶讓天堂的美景活生生呈現在地球上，並承諾所有創造物在居住於這個星球的期間，將獲得適當的傳承。如果每個人能祈請光成為他的存有，並誠摯地努力將光能顯化在日常生活的行動上，擁有喜悅生活的盼望，將是一個能被創造與實現的可能實相。煙水晶是一個具有以物質形體去容納與承載光的能力的明顯範例。

由於它所具備的落實能力，使用在那些有自殺傾向特質，或對世界有矛盾情結的人身上，煙水晶非常適合。藉著將更多的光能帶入物質世界，逃避現實的態度能被轉化蛻變成改變個人生命的必要獎勵。煙水晶幫助個人與他的身體、心、生活與世界和睦相處。這樣的接受性，將能使個人感受到更多對自己與對他人的愛。煙水晶將心輪愛的能量流，導引至海底輪落實與利用。故將這種礦石使用在沮喪、疲憊、神魂不定，或空有崇高理想抱負卻無法實踐他們的準則的人身上，是很有幫助的。煙水晶提供個人力量，去顯化他們在地球上的夢想與憧憬。

不似某些水晶會促使壓抑的負面模式浮現至表面（如孔雀石），煙水晶有助於在遇見這些負面模式時，去融解那些能量。煙水晶有著高頻振動的光能，可驅散與淨化最負面的模式及氣場中的殘留廢棄物。與煙水晶運作能在某些行為上產生重要的改變，因為較低的自我中心本質被消除，並以正向的態度與習慣模式取代之。

海底輪與肛門及排洩廢棄物的能力有關連。煙水晶是同等適用在靈魂及身體層次上，處理生活的要素與釋放無用的副產品。煙水晶藉由教導如何放掉那些在成長上不再需要的部分，使個人在生活中更有能力消化事物。這樣無執著的自由能使個人以與光的頻率保持連結，來取代被生活事物消耗能量的情形。

不幸的，許多在今日市場中的煙水晶並非真正的煙水晶。大部分當成煙水晶販售的，是經過雷射染為深色的白水晶。帶著一些敏感度，即容易去判別煙霧狀的水晶是否經過雷射染色。如是，它們通常呈現極深的顏色，且有不自然的外觀。當白水晶被此種人工方式製成，它會受到極度的創傷，在使用於水晶治療前需要被淨化與療癒。去消除雷射負面影響的最佳方式，是將受影響的礦石以海鹽覆蓋三天，然後將它放在一個白晶簇上（以金字塔結構狀為偏好），直至你感覺到礦石已從它遭受的折磨中復原。此後它能被使用在治療中，但應該在每次療程後予以淨化。

真正的煙水晶將呈現帶有不同程度深色調的清澈透明狀。當然，真正的煙水晶是最適宜使用於所有的情況中。也有可能找到美麗的天然煙水晶，是以單尖發電機水晶或晶簇形體出現的。在水晶治療中，煙水晶晶簇或單尖水晶能被放置在雙腳腳背上，在膝蓋或在每一隻手中。如將水晶尖端指向身體，礦石能將較高能量傳導並再循環到身體中。如將尖端指向身體外，礦石會將肉體與靈妙體中的負面能量導出。煙水晶亦能被切割琢磨成美麗的寶石級礦石，可當作珠寶佩帶，或在水晶治療中放在鼠蹊點上。

單尖發電機水晶能被用來引導能量流從頂輪流至第一個脈輪。將一個透明單尖發電機水晶握在頂輪，同時在身體上方六英寸處，以另一個發電機煙水晶緩慢移動，讓頂輪處水晶的光能透過煙水晶傳導。當發電機煙水晶通過每一個脈輪點時，經由該水晶傳導療癒能量光束，依序向下對每一個脈輪中心進行充電。當煙水晶抵達海底輪時，在該處停留至少三分鐘，並專注在使更高、更精微的頻率與肉體保持平衡。

當與其他深色礦石與水晶在一起時，煙水晶應只能以尊敬及有意識的方式被使用。使用這種礦石能引發極大的力量，非常重要的是知道如何去導引與傳遞那些能量，如此它們才能為最高的善服務。剛開始時，只使用一個煙水晶在水晶排列上，當你更熟悉它的力量時，可以加入更多的礦石。永遠與你運作的對象保持連結，因為這些礦石隨時有可能需要被立即移除，如果它們的能量沒有被適當的消化吸收。

黑曜岩

黑曜岩是所有新時代礦石中最重要的教師之一。它連結第一個脈輪，這個能量中心與地球、物質、生存及個性自我的成就與實現有關。黑曜岩有如磁鐵般吸引靈性力量進入身體，並為意識所掌管而加以運用於身體行動上。當這些較高能量落實在世界的形體中，藉由注入更多光能到物質界，而能改善地球上的生活品質。當黑曜岩被放置在較低脈輪點時，它導引較高脈輪的更精微能量進入原始能量中心，來精煉與純化較低自我。

黑曜岩應僅在當一個人被教導有關它的力量，並準備好去處理這種礦石常無情地讓人們去經歷的改變。因由冥王星掌管，黑曜岩的目的是去帶領心智穿越潛意識的黑暗地帶，在超意識中建立自我認同。身為冥王星教師，黑曜岩不會去迎合較低自我。相反的，它直率且經常不圓融地指出個性自我的所在之處，與需要改變的地方，以邁向成長進化的下一步。

它扮演著一面鏡子反映出個人本性中的缺點，並放大壓抑靈魂較高品質的恐懼、不安全感，及自我中心的態度。黑曜岩被稱為「真理的戰士」，能消滅幻象並促使水瓶世紀的願景誕生。在這個新世紀，每一個人將依循他們自己較高意識的指示，且經統合過的意識將形成基礎，成為連結每一個人與共同真理的共有根源。

黑曜岩是一個師父級教師，來教導我們黑色色彩的真實意義。黑色，處於濃密、暗沉與未知中，與代表清晰、明亮與了解的白色為相對立的兩極。它們二者的表達與呈現是精確的相對立著，並成為靈魂伴侶，相互允許彼此的存在。其中每一個的內部皆包含著所有其他的顏色；黑色與白色皆潛在地蘊含著同等級的光。由於黑色位於色彩光譜的底端，白色位於另一端，而形成整個色彩的全景，並表達出每個顏色的多層面本質。

在黑與白，夜晚與白天，黑暗與光明的懷抱下，地球上的生命因而形成，誕生，養育成長，並且現已能夠了解看似相反的兩極具有相同實相的道理。善與惡的概念只不過是在當這些顏色被分別視之時，在感官上所玩的遊戲。

相較於整個光譜中的其他顏色，黑色曾受到較多的誤用與誤解。當人類靈魂已進化並能感覺到宇宙的力量流動貫穿他的血脈時，他已擁有天分去請求那股力量為他所用。在一味追求個人私慾的滿足上，他以僅滿足他的小我，而非服務宇宙力量本身的方式，學習去將宇宙力量傳導到這個星球。當此情況發生時，蘊含在黑色裡的光將逆流回自身，且最低層次的人類本性將接管一切。黑魔法就是此類嚴重誤用力量的型態，將顯現惡魔行徑、撒旦勢力與魔鬼力量。但這個濫用力量的非常過程，是宇宙必須教導其居民的最重要課題之一。

黑洞的理論能被發現存在於宇宙萬物的不同層面，從人類到星體上。這個自然的現象，是一種發生在當光被自私地使用消耗殆盡而塌陷與反噬入自體之中，因具有一股增強的強烈萬有引力，將它附近的所有物質吸入，而帶來破壞與毀滅。當光被吸入，黑洞就藉著不斷吸入的物質和光愈長愈深與廣大，直到最後，因為人類意識到光能應被分享及平等擁有與使用時，人類或星體才再度誕生。一旦對此有所領悟，所有被黑洞消蝕掉的光能會爆發並向另一方實相擴散，白洞的存在象徵著在一個已充分學習的課題上的卓越顯化。

我們每一個人都必須去穿越自我毀滅的黑洞歷程，並學習如何妥適的使用光與能量。當地球的居住群眾習得此課題時，地球的整體環境將再度重生，寶瓶世紀將盛行。

黑曜岩教導我們，每個人內在的黑洞是尚未與光的源頭相認同的情形，且它是恐懼與自私的黑暗面，會將我們導向自我毀滅。黑曜岩會將光帶到那些恐懼上，並證明恐懼只不過是幻象與真理的誤解。黑曜岩的最佳特色是在它容納與反射大量光的能力。不似其他去吸收光的礦石，黑曜岩在貯存與保留它自己的強力光能同時，能吸引且反射出光。黑曜岩藉由例子展現如何去適當與敬重的使用光能。經由如此，它能協助人類意識的蛻變，讓人有能力去使用宇宙能量打開大門，進入超越想像的未來可能性。

黑色是一種最高等的顏色，為神祕學院的資深成員所佩帶。它正如同黑曜岩般，象徵著對物質世界的精煉與主導權。在武術的練習與分級上，「黑帶」是最終獲得的成就，代表著適當的落實與自發性的使用「氣」能量（宇宙力量）來自我防衛的能力。

為了取得生命大師的地位並成為一位活生生的上師（基督、佛陀或穆罕默德），個人須被強制去學習如何克服自我中心力量濫用的引誘，並且不被二元化世界中經常呈現的負面勢能影響。黑曜岩展現出能力，去促使個人在生存與運作於物質世界時，能全然認同與光的同在。它例證了在紛亂的二十世紀生活中，去維持心智歸於中心、歸於靜心狀態的能力。黑曜岩意識從中立與清晰的觀點，闡釋了所有的經驗與事件。

精煉是一種能力去持續的辨識與認同出已固有存在，但經常隱藏在幻象中，在每一個生活層面上的真理。這個神聖的識見將使一個人更具人性化，更有慈悲與更多的了解，因為此人已明白無論外在環境如何呈現或業力如何發生，皆是神聖計畫的安排，宇宙及生存於其中的萬物，永恆地存在於一個完美的光明境界。

在許多西方的猶太教教義中，我們被引導去相信，如果我們在地球上做對的事且證明自己是好的，天堂是我們將至之處。黑曜岩勇敢的宣布天堂是一種心智狀態，是在地球上或肉身中所能到達的境界。事實上，在生活中真正的奇蹟與挑戰，是在地球生活時去創造天堂，並轉化物質世界的品質，如此天堂的種子將在此星球上發現良田，並且被給與滋養及照顧，將為地球的後代子孫採收。當這個蛻變發生時，天然的物質將被改變，因為形成物質的原子，將以更高的頻率振動著，讓更多的光去充滿介於原子、質子、中子與電子之間的空間。

黑曜岩球是具有極度強大力量的靜心物件。它通常有同心圓輪狀紋路環繞，且偶爾在南北兩頂端呈現出美麗的牛眼圓形紋路。在開始著手進行黑曜岩靜心前，應帶著謹慎，因為這些物件的力量不可被過度誇大。在某次使用單顆超大型黑曜岩球的個人靜心經驗中，我凝視進入它不超過九十秒的時間，而必須以三個星期的時間去處理因而發生的效應。

未經過教導而誤用黑曜岩球，能把一個人拖引到他們自己的黑暗本性中，應只能讓那些已準備好有意識的去傳導黑曜岩能量的人使用。如經誤用，它可能將一個人的覺知引導入自身太深，而徹底的改變人體氣場形態，使電磁場的保護特性失效。這種情形可能創造出無數的身體、心智及情緒的反彈。這些力量物件的目的是去將隱藏於意識中的光帶出，引導覺知穿越自我的黑暗地帶，穿越未知事物，最終以直覺的全知視能帶領心智去觀看世間萬象。

使用這個第三眼視能，個人能將萬般事物的顯像皆視為「一」，每件事物皆顯現了神所創造的獨特完美表達。但在這過程中，要準備好去面對恐懼、制約模式、逃避的問題，及你甚至未曾察覺的不安全感。準備好去清除你心智上最黑暗角落的蜘蛛網。當這個淨化已完成，幻象的面紗將被揭開，第三眼被開啟，終極的真理將會被明瞭。

黑曜岩球應以最高的敬意被對待，並在不使用時以一件絲綢或鵝絨布包覆著。將去掉覆蓋布的黑曜岩球使用於水晶治療上是可行的，如果與你一起運作的對象真誠地渴望打破一項心智上的障礙，但又苦無法做到時。永遠在使用前，告知你的客戶有關它的力量與潛在的效應，並取得許可去運用在他們身上。如同意，可將黑曜岩球放在距離第三眼上六英寸的地方不超過三分鐘。這將會幫助穿透固執的潛意識障礙。

在靜心中或水晶治療上使用黑曜岩球之後，建議去做一個簡易的白水晶靜心，每天一次，持續三天來平衡與極化所產生的效應。白水晶為黑曜岩提供一個完美的兩極平衡（反射純淨的白光），在練習黑曜岩球靜心或使用黑曜岩礦石於水晶治療時，應將白水晶與黑曜岩結合使用。在凝視黑曜岩球時，建議在靜心過程中握住一個大型（至少六英寸）的發電機水晶。

當使用黑曜岩礦石在水晶排列上時，最好在靠近每一個使用的黑曜岩礦石處，放置一個小的白水晶。白水晶將平衡黑曜岩的強度與極化，並融解、中和任何浮現的心靈或情緒廢棄物。當進行水晶治療時，黑曜岩礦石能被放在鼠蹊部位點或肚臍上，去將較高能量落實到身體。它們亦能沿著身體的中央線放置，去平衡精微的能量流（經絡）。

綜而言之，黑曜岩能教導它的學生如何將更多的光帶入黑暗世界中。它將令忠誠學生的心智明白所有的顯現事物，不論在物質層面上是如何濃稠，皆來自同一源頭，且黑與白皆是具有同等力量的光體。黑曜岩是將覺知的較高形式混合並帶入地球的媒介，它以帶領靈魂的品質進入身體，以清理淨化較低振動頻率的方式工作著。

與黑曜岩運作將會引導個人進入他們自己的地球中心，且進入身體去有效率的利用光能。將黑曜岩用於慌張與過度情緒化的人身上是很理想的，因為它能穩固不安定的能量。將它使用在那些時常出神，有過度白日夢或幻想傾向的人身上亦佳。它將幫助建立使夢想成真的基礎。黑曜岩代表真實的地球力量，蘊含地球固有的綠、藍及金色。如能明智的運用，黑曜岩將教導你有關自己的真理及你在宇宙中的重要性。

硅寶石（硅孔雀石）

我是金星（愛神維納斯），我是美麗與愛，我是和諧（我們喜愛美的事物）。我是溫柔卻又具有力量的。

自太初時起你們就已認識我。我是你們的神性，我是慈悲與寧靜，我是平衡，我是恩典。

透過我，宇宙萬物成為理想與完美的狀態，並繼續演化至更高等的形式。

我是母親，宇宙萬物的守護者。我滋養著種子。我撫平情緒，將寧靜帶入靈魂。經由我，益加清晰的目標，將被發送出且予以結晶化（顯化）。我透過愛與放鬆來教導耐心與理解。我是你神性意識的感受與接納性。我是宇宙海洋與天空相會於地平線之所在。

（天空啟示著靈性升天（昇華）的無止盡高度，海洋代表著靈魂的深度。）

——蓋瑞・佛雷克

在色彩的演化史中，硅寶石顯現出一種在藍色光譜中，最高等與淨度最佳的色彩光束。在最近的幾個世紀中，綠松石是顯化這個色彩波頻的重要礦石。美洲中西部印地安人頻繁且大量的使用綠松石，今日仍非常普遍的使用在珠寶首飾與裝飾品上。另一種展現近乎相同色彩的礦石是硅孔雀石。綠松石與硅孔雀石二者皆屬半寶石，不透明且無光澤。

於罕見的場合中，在開採硅孔雀石時，會發現寶石級的硅礦脈。硅孔雀石礦井是稀有的（被發現在新墨西哥州與南美洲），但更加少見的仍屬於硅寶石或寶石級硅孔雀石（然而如誠心的找尋，它將被尋找者吸引而出現）。硅寶石是藍綠色最高等級的演化，顯現出深藍色，有如夏日萬里晴空與環繞夏威夷島嶼的湛藍海水。在注視中，它是清澈透明與閃亮的，為大自然的珍寶，與海藍寶石、黃玉及紫鋰輝石以品質並列等級。硅寶石通常是難以尋獲的，故非常昂貴。

硅寶石與生俱來的特質，足以讓它成為最美麗的新世紀礦石之一。經歷數千年的時間形成，現以滿溢的光澤顯露於地表，將它的和平訊息帶給這個星球。當人類族群變得更具接收性，能接收到硅寶石所提供的寧靜又強而有力的能量時，相信更多的硅孔雀石——硅寶石礦井將被發現，能更加豐盛的供應這個治療的藍色光束。

硅寶石是一個女性能量的礦石，擁有水、冬天、月光，柔順卻有力量、情感與情緒及陰性能量的特質。聖母的照片或雕像經常出現她佩帶著這個顏色。它代表著聖母的存在所散發出的和平慈悲。硅寶石振動與散放著這個本質，因而能被使用來發展耐心、友善、容忍、慈悲及謙遜的美德。它也啟發靈魂去臣服與順從於個人本性中潛在的神聖力量。

身為女性能量的特質，硅寶石是使用於女性能量失調情形中的理想礦石。它對那些因月經症候群（背痛、痛經、沮喪）引起的不適而受苦的女性特別有助益，有助於平衡具調節月經週期功能的荷爾蒙。硅寶石是一種最佳礦石，在流產、墮胎或子宮切除術之後使用。它亦十分適合使用在生產過程中去握住、佩帶或靜心。欲消除月經的緊張或幫助修復流產、墮胎或子宮切除術之後受損的組織，將三個硅寶石放置在子宮卵巢區域上，一個在第三眼中心。這將幫助中和與減緩遭遇這般折磨經歷的悲傷或內疚感覺。

硅寶石是一個情緒平衡者，可放置於心輪處佩帶、持握，觀想或靜心，將不安定或失控的情緒化行為，帶入意志的控制之下。它能消除悲傷的痛楚與憤怒的緊張，將二者帶入和平中，並以理解與原諒取代之。

作為身心撫慰者，硅寶石是理想的礦石，來贈與給或去使用在那些不願意或無法允許自己擁有感覺權利的人。它藉著治療因尚未解決的情緒創傷，所造成的壓抑與感覺本能的關閉，將能溫和地培育出更具接受性與敏感的能力。硅寶石將幫助女性成為更具有母性、滋養、善解人意、同理心與慈悲。

硅寶石將和平帶入心智與心中。這並非只是內在的靜心經驗，而是積極的將和平表達在個人與他自己，及個人與世界的和諧共處上。和平僅發生在當靈魂與自己和睦相處的時候。當更多人體會到這樣的經驗時，這個星球將顯現那個實相，外在的和平將反映在所有的個人、人際關係、社會與行星的生活層面。硅寶石是「和平的礦石」，因為它啟發了寧靜的內在經驗，它投射那股和平能量到世界中，並經由思想、感覺、語言與行為來加以實踐。

硅寶石能被當成冷卻石去降低發燒、治療灼傷、中和憤怒，與鎮靜疲憊的神經系統。在上述情形中，你可將礦石放在身體上（第三眼、心與肚臍處），或佩帶、握住或與它們一起靜心，以呼吸方式吸入硅寶石的藍色，並吐出不需要的能量。

硅寶石是一個運用在水晶治療排列上的美妙礦石。當它使精微的以太體與身體協調與平衡時，能活化任何脈輪。藍色是針對喉輪的顏色，在甲狀腺失調、嗓音問題、喉嚨疼痛或脖子與肩膀緊繃的情形中，可將硅寶石放在喉嚨或頸部。當放置於第三眼時，硅寶石可扮演著，從日常意識狀態進入更擴展的覺知狀態之間連結的橋樑（通常得經數年的心智控制與靜心鍛鍊才能達到的覺知狀態）。正如同晴空連結著大地與天堂，硅寶石所反映出的深藍色整合著宇宙意識與一般覺醒心識。這些品質使硅寶石成為一個特別受到喜愛的靜心礦石。

去體驗硅寶石的本質，平躺下來，在兩眉之間放置一個硅寶石，同時作深長的呼吸，允許心智釋放掉可能進入意識中的任何所有思緒。當身體放鬆、心智平靜時，硅寶石的能量將使覺知提升至更高的層次。為了去全然地體驗這個精微的心智狀態，保持清醒是重要的，訓練心智能比睡眠狀態中更加放鬆，而同時仍能維持意識的思路。一旦這個橋樑搭起，即可能擁有意識出體的經驗，並認知那精微的領域為實相。

當練習此類型的靜心時，重要的是觀想白光圍繞自身來保護自己，並在進行這樣的旅程前，先祈求聖靈的引導。此類靜心幫助發展第八個脈輪，是位於頭頂上方約六吋（被認知為靈魂之星）之處的能量中心。當這個脈輪被啟動活化時，它將在個人與宇宙力量之間建立連結。

硅寶石亦提供成為「觀看石」的能力，透過它可以看見過去與未來的事件。取一個高品質及特別清透的硅寶石礦石，以大姆指與食指握住，並凝視進入它，影像、符號、感覺、事件及洞見將靈活呈現在礦石的反映中。去體驗這種天眼通視能，個人必須失掉自我，全然地進入礦石的色彩與能量中，而同時將親身體證的經驗同步輸入記憶。如果這種礦石的較高能量被妥善運用，許多預兆性的洞見能有建設性的被使用來輔助行星的和平。

在與任何新世紀礦石運作時，很重要的是，這些蛻變轉化工具的力量，僅能以心智的最善意圖與人道主義目標來加以運用。如果為獲取個人私利而誤用時，業力的反撲效應將為濫用者的生活帶來損害。當妥善使用時，硅寶石能為個人的生活與行星帶來和平、和諧與擴展。

螢石（晶簇、八面體、金字塔）

螢石是一個多度次元的礦石。它是顯化心智最高層面（與靈性調頻連結的心智）的礦石。自那個崇高的意識境界中，能產生對真理、對實相的宇宙觀，及對宇宙掌管法則的智性領悟。

螢石的存在是為了心智的精進，為發展能力去理解與整合非物質實相的第四、第五、第六度次元。當心智調頻連繫螢石的本質時，有可能去經驗與認識自我的內在聖殿，那裡蘊含了所有的知識與智慧。螢石平衡了心智正向與負向的層面。當這些兩極現象均衡時，有可能經驗到寂靜與和平的中庸之道，融入永恆的片刻，時間將呈現靜止狀態，且自我能與無盡的大我合而為一。但螢石的經驗甚至能超越此種境界，它將這個實相融入並體現在日常生活中積極的心智狀態上，使個人在物質層面上運作時，能與源頭保持連繫。

當此情景產生，所有自意識與潛意識散發出的思想，能與真理的最終極源頭調

頻連繫與聯合。螢石的意識讓個人去保持「一」，「萬有整體」的覺知，而仍得擁有個體獨特的表達與存在。藉此可能接通廣大的創造能量資源，並將其顯化在個人生活中。

螢石是第三眼的礦石，能使心智在物質活動之中，仍得保有靜心與歸於中心的空間。它與紫水晶分屬於相對立的兩極能量。紫水晶乃促使心智臣服以獲得智慧的內在經驗，螢石則將那種經驗帶入日常的思維過程中，幫助個人能看清幻象背後的實相，在無常中存在的永恆，以及超脫於困惑的真理。螢石是最具力量的新時代礦石之一，因為它將真理的更高形式帶進物質層面，並將那些觀念整合到心智中，依次地顯化到物質層面上。

螢石並非地球固有出產的礦石。它自更高的次元被運送至地球，來協助我們的演進過程。與其他的礦石相同，帶著敬意去使用它；如帶著覺知去使用它，它的力量能幫助發展出高層次的心智才能。

螢石也能使用在處理特定型態的精神疾病與腦波頻率的干擾情況。它增加腦細胞的電能補充，將更多的生命能量帶進大腦中，繼而能擴張意識。它並非著重在清理淨化潛意識上（如同藍銅礦），而是在於精進心智，從一個心智的實相邁進到下一個層次。螢石能被運用來發展更高的專注能力，如持續的運用，能培養聰明才智，甚至能提高智商。螢石的綽號叫做「天才礦石」，因為它代表著心智成就的最高狀態。

螢石以四種主要的顏色顯現：藍色、紫色、金色與白色。所有這些顏色代表著心智的靜心境界。藍色是內在和平，心智的沉穩與寧靜。紫色代表心智奉獻的層面，專注致力於靈性的承諾。金色是智慧與領悟的顏色，在那裡心智與無限大我融合，且仍保有個體性的表達。白色是純潔與合一的顏色，代表當心智已完全融入宇宙的精神，並體驗到宇宙萬物的整體時。

所有的顏色皆代表較高（上方）脈輪，較高的能量中心三角，及意識的進階狀態。當這些顏色在能量場中形成影響時（能透過使用螢石而發生），與這些色彩相關的心智境界因而被啟動，可促進人類演化潛能的發揮。

螢石有三個不同的顯化狀態：晶簇、八面體，與金字塔形體。這些構造中，沒有任何一種較其他更為進化的情形。然而，每一種形體滿足某個特定的目的。螢石晶簇通常以紫色色光呈現，它們代表二十一世紀電腦科技時代的心智。

螢石晶簇很像一台電腦，非常有組織性、結構性與綜合性。它們的外觀更近似以想像成一個先進太空城市的方式去觀看，它們的立方體矩陣呈現出所有組成部分之間的和諧相容性。它們潛意識地建議著先進的意識狀態，即去學習透過相互合作來生存與成長。螢石晶簇象徵著已達到統一與和諧的文明現象，乃是經由滿足每一個體的需求，並將個人的目標聯合起來，去遵從與滿足整體的需要。

螢石晶簇代表著人類存在的階段，此階段智性心智利用它的科技與宇宙連結，將增進全體的利益與改善。讓我們來看看我們是如何演進至此階段的。當早期的人類學習運用工具去改善生活方式時，他不需要再全神灌注於物質生存上，因此更能讓他去發展心智機能。在工業革命後，機器取代了人力，使人類心智能有更多的發展。隨著現今人類心智擴張進入太空時代，心智已學習將知識移轉到運作中的機器——電腦，電腦被輸入資訊程式去服務人類的需求。

當人類經驗到這個極度的科技進展，並將它的高等智能思維過程貯存到電腦中，我們即能邁入演化的下一步，跨越門檻進入更高的思想領域。但願電腦時代能取代人力，並能讓靈性持續發展。在這個心智先進的階段，及在那些擁有高度心智與先進智能的人身上，應帶著謹慎的態度，使焦點仍集中在所有知識的源頭，及為全體而使用的互利基礎上。螢石晶簇以身示範並化身為一個可能性的提醒物件。

螢石晶簇並未著重在治療排列上（即使它們可運用在那方面），而是在工作區域中的實體存在上，例如在桌上，在實驗室，或在閱讀及研究的地方。它們的存在提醒心智去保持集中、組織性，清晰及管道連繫的狀態。如果心智變得疲憊、困惑或失去平衡時，能隨身攜帶或佩帶小型晶簇，並以視覺、心智或身體調頻連繫。以螢石晶簇來靜心將啟發意識的心智清晰度，使有能力理解常態下無法接近的概念與實相。它們創造心智的秩序，協助心智在行動中去維持清晰與集中。

螢石晶簇對那些生活步調較快，在身體與心智上耗用大量能量的人，是很有助益的。它們很適合科學家、物理學家、化學家、工程師、電腦設計師與程式設計師，經營管理階級人員、商業人士、會計師及學生。它們是來幫助任何在壓力下工作，又想要保持心智的清明與鎮靜的人。螢石晶簇對與複雜的二十世紀科技一起工作的人特別有益，因為它能協助心智，以對整個星球與所有存在體有利益的方式去管理知識。

隨著晶簇的演化而生長出單一的螢石八面體。螢石八面體代表著在螢石晶簇的先進社會下滋養與培育出的個體品質。它是一個八面形結構，每一面皆是一個完美的等邊三角形，以六個尖端相聯合。每一個尖端能形成一個共享底部的四面雙金字塔形體的尖峰。這個雙金字塔的產生，象徵著當較高等精微層次的能量融入物質世界，並與物質世界整合時，所能到達的完整。

你可以任何方式去翻轉一個八面體，它將呈現雙金字塔效應，以上下層金字塔的尖峰連結較高與較低層次。螢石八面體來到我們存在的生活中，成為對我們自身潛在完整性的象徵、工具及提醒，在該完整中，我們也將處於合一的狀態，平衡我們的內在與外在世界。

螢石八面體有多種不同大小的形體，範圍從八分之一英寸至一英尺的底部。它們有時以粉紅色及綠色（心輪的顏色）色調顯現，用來將同理心帶入更多的情緒事件。較小的螢石八面體通常較不昂貴，且能在珠寶與礦物秀的礦物樣品中大量發現。它們容易被使用於珠寶飾品中、隨身攜帶、當作象徵性符號來靜心，或放在明顯處，作為「合一」心識的提醒物件。將它們使用於水晶治療排列上，也有很好的功效。可面朝上平躺著，在每一手中各握住一個八面體，在每一邊的眉毛上各放一個八面體，來進行一個簡單的螢石平衡排列。這將會平衡大腦的左右半球體，並清理頭腦中無益的心智廢棄物（亦可參考「八面體螢石排列法」，第三章）。

金字塔形狀的螢石是提供靜心使用的，而且必須運用於此方面。這些特別的結構體是專為滿足特殊目的而存在的，且不喜歡無所事事的閒坐著及蒐集灰塵。它們是為服務那些已準備好進入個人本體的內在領域，並去經驗有形中的無形境界之人。許多螢石金字塔，向光舉起時，能展現出象徵著內在深處密室的內在聖殿。當與這些螢石金字塔靜心時，心智能被導引至更深層的部分。

金字塔形狀是一個完美與平衡的表徵，它是物質界中所發現的最高等幾何圖形。它代表著意識與能量無限的來源在尖峰處相連結，並在底部呈現完全的落實與物質的穩定。金字塔是終極平衡的象徵，那是每一個靈魂為完成它的演化過程而必須達到的境界。

埃及與阿茲特克的金字塔，被運用在傳導宇宙力量到物質界的目的上，啟發宇宙覺知的經驗。它們仍矗立於今日，並成為一個提醒及傳遞給世界的訊息，即「合一」（Unity）不僅存在於個人中，亦存在於宇宙本身之中。經由訓練心智去連結與認同內在領域的實相、精微的層面及較高次元，螢石金字塔能在相同的目的上提供更多的幫助。這些意識的靜心經驗，能使個人獲得更清晰的洞見，對掌管物質定律的宇宙法則有更多的領悟，而能徹底的改變日常生活的品質。

去練習螢石金字塔靜心，將金字塔塊放在與第三眼同水平的位置。最好能將螢石金字塔放在一個光盒上，以光向上照射穿透它，或以天然或人造光從背後照射穿透它。這將會喚醒金字塔的內在密室。雙腿盤坐，脊椎挺直，雙臂伸直，雙掌朝上平放在膝蓋上。觀想你自己成為一個金字塔，以你的頭頂為尖峰並以你盤坐的雙腿形成底座。筆直與凝定的坐著，閉著眼深呼吸三分鐘。繼而雙眼微睜並以相同的時間凝視金字塔。

允許心智深度遨遊在金字塔中，並體驗螢石能量的本質與完美的金字塔形體。之後再次閉上眼並將那影像帶入你心智的深處。在你將視覺影像來回地自螢石金字

塔傳送至內在心智時，盡可能保持專注。以此方式持續進行至少三回，並以至少三分鐘的深度與強力呼吸靜心來作為結束，將影像及能量整合至你的身體上。這個靜心幫助你打開頂輪（進入更高領域的通道），並傳導那股宇宙力量進入你的身體，去運用於日常生活中。

如可行，在練習此類靜心的同時，去經驗過去或未來的生活與實相。當心智變得沉靜、集中與清晰，且兩極狀態呈現平衡時，即能超越第三度次元的時空限制。當此現象發生時，將親身體驗到永恆的片刻，包含著所有的時間、空間及全體經驗。這是一種聯合整體宇宙的心智狀態；在那裡能經驗到宇宙萬有的合一。

在這種心智狀態中，可簡單的運用意念去遨遊至任何地方與時間。當以思維的速度旅遊時，無須經歷空間或時間，你只要簡單地以意念力觀想，你即能位於該處。在這些特殊時刻，是有可能看見與明白前世的效應（業力）如何去產生當前的實相，及現在的投射如何去創造未來的可能性。

這個意識的狀態是螢石體驗的潛能，必須以專注與全心的靜心練習來達成。在你學習去創造一個寂靜與凝定的心智狀態時，又同時能快速移動而超越行動之上，是有可能達到的一個境界。如能超越第三度次元的法則，極有可能將第四度次元的法則投射發送，並實施於第三度次元上。

所有形體的螢石皆在此教導我們穿梭於多度次元之間。它能啟示我們如何處於合一與和平的狀態，而仍得保有個體的獨特性；及如何將無盡的大我整合與實踐於每一個片刻當中。它象徵了我們皆須經歷的成長過程；象徵與宇宙力量及我們存在本體的源頭聯合一致，接受生活在神聖旨意之中的責任，並身體力行來彰顯光明。

紫鋰輝石

在許多方面，心輪是最重要的能量中心。它位於身體的中心，掌管著上下各三個脈輪的平衡。如果心輪是清澈與敞開的，其他所有脈輪將與心輪聯合運作。心臟將它的循環擴展運行至整個身體，所有系統與組織因而受生命能量的滋養。正如同心臟將充滿氧氣的血液抽送去餵養所有的身體細胞，心輪將它的強力影響放送至所有的能量中心。紫鋰輝石展現出心的成熟狀態：敞開、清澈、安全、堅強、有活力、明亮閃爍、平衡與洋溢著愛。當紫鋰輝石逐漸受歡迎與流行時，將代表著更多的人正演進至，他們能夠且將達到自己的心受到全然保護的時點。

螢石顯現內在心智的平衡，紫鋰輝石則表達情緒的平衡。螢石護持意識進入心智的內在聖殿，而紫鋰輝石促使心的內在次元被經驗。紫鋰輝石將使個人能連結他們愛的無盡泉源。紫鋰輝石的天然形體擁有平行的條紋紋路，沿著水晶的長度分布。每當你看見類似此種條紋紋路（參考電氣石）時，它代表著能量將以非常快的速度移送貫穿礦石。這個加速的能量運行將自動地提升任何周遭元素的振動頻率。藉此，許多較低的負面能量會被融解與消散。

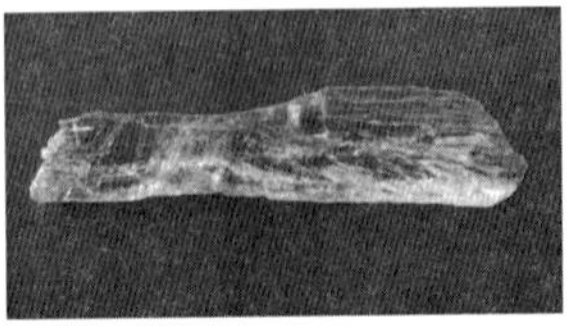

紫鋰輝石是一種主要的心輪三位一體礦石。它的目的在於，準備將已內化的自我之愛（由粉晶所啟發的）奉獻於外在的表達。在這個階段的發展，需要全然的臣服與放掉所有過去捆綁心的恐懼與憂傷，或對未來的焦慮期待。紫鋰輝石是一個永續活躍的當下狀態，存在於完美的片刻中。當紫鋰輝石被放置或佩帶於心輪上時，它的能量將穿透情緒的障礙，使個人能去經驗他們內心世界的純淨。因為靈魂以心輪為在身體上的停留之處，紫鋰輝石的經驗使個人能與他們內在本質接觸。

當以近距離去觀看紫鋰輝石時，可發現淡粉紅色與淡紫色光束。這代表著紫鋰輝石擁有在心智（紫色）與心（粉紅色）之間創造一個平衡的能力。紫鋰輝石將它的能量從心傳導至頭部，去轉化與情緒障礙有關連的思維模式。只有當依附在那些思維上的思想與情感二者被中和時，一個完全的療癒始能發生。

紫鋰輝石通常反射出粉紅色光的透明光束。在寶石等級上，紫鋰輝石展現屬於粉紅色光譜礦石中最純淨的透明度。這種水晶透明度，是紫鋰輝石在新世紀礦石中贏得一席之地的主要理由，它象徵著一個在思想與情感上喜悅的純粹表達。它是積極的自我之愛狀態，已準備好隨時無條件的給與，無所企求或期待。當與粉紅色電氣石配合使用時，紫鋰輝石的心靈喜悅之光將被傳導至這個世界中。

紫鋰輝石貢獻自己成為一個具有強大力量的個人靜心礦石。它能被用來平衡負面的情緒與混亂的心智狀態。採取坐姿，使脊椎保持挺直，將一塊紫鋰輝石握在胸口中心前，來練習這種靜心。當你吸氣時，將紫鋰輝石的淨化能量吸入且注滿心房。觀想一道粉紅色的光束上升至第三眼中心處，並暫時屏住呼吸。當這道光束到達前額時，吐氣並以心智力投射一道粉紫色的光束回到心房。以這種方式持續進行十一分鐘，你會驚喜見其效果。這種靜心將淨化心智，平撫情緒，使你處於平靜的平衡狀態。

在水晶治療中，當紫鋰輝石被放置於心輪時，可在心輪上方二至三英寸處，使用一個透明發電機水晶，以順時針方向旋轉。這樣做將會引導紫鋰輝石的力量進入心的內在領域，並將能量場封住以保護外在的負面影響力。

如果你仍繼續處於非常集中的狀態，可將透明發電機水晶的尖端停留在紫鋰輝石的正上方。此時，透過透明發電機水晶傳導你自己的治療意念。這樣將以更大的力量對紫鋰輝石充電。這是一個先進的技巧，只能在接受者已準備好且能夠有意識地放掉他們的恐懼時使用。以透明水晶對紫鋰輝石充電的方式，能提升能量至極高的頻率，而清除任何綑綁與束縛心輪的障礙。

紫鋰輝石是一個理想的礦石，去送給那些在生活上有調適與運作困難時期的孩童。紫鋰輝石的溫柔粉紅色光束將撫慰他們的心，並淨化因處於髒汙或負面振動頻率下，在能量場上所累積的任何陰影。紫鋰輝石也是一個很好的礦石，讓星星小孩或降靈存在體佩帶，用來幫助他們適應地球的環境與能量。

紫鋰輝石是一件贈與地球的特別禮物。它的臨在散發著一股深度的平靜與平衡。它是一個敞開的進化之心，能領悟所有的事物，已凌駕並超越執著依附，已了解無條件的慈悲，且永恆無所畏懼。

菱錳礦

在將靈性與物質能量整合的某個重要時期，菱錳礦將發揮它的特殊品質。藉此，它成為一種對新世紀的主要貢獻者與先驅。這個礦石和諧地融合粉紅色與橘色的色彩，形成一種美麗的蜜桃色。當這個顏色頻率的結合體融合時，一道新的色彩光束將誕生，能提供一個非常特殊的效用。

橘—黃色是與臍輪有關連的顏色，或為大地與肉體的力量。粉紅色是心輪的振動，代表著去感受無私的愛與慈悲。臍輪形成較低三個脈輪的尖峰點，俗稱為較低三角形，或較低三位一體的能量。心輪形成較高脈輪的基底，從心散發的愛，成為靈性與較高意識建立與架構的基礎。較高的四個脈輪形成較高三角形或較高能量中心。在較高與較低能量中心之間的交會處是太陽神經叢，位於胸骨底下並包圍著橫膈膜與肋骨區域（參考「礦石放置的主要脈輪點」）。

太陽神經叢是身體最敏感與脆弱的一個區域。那是一個人在緊張時感覺到「蝴蝶亂舞——慌張狀態」的部位，及一個人在感覺焦慮時會變得緊繃的區域。太陽神經叢是情緒活動的中心，傾向去記錄與貯存尚未解決的情緒衝突與創傷。當太陽神經叢因壓抑的情緒而變得緊縮與阻塞時，能量是無法在較高與較低脈輪之間順暢流動的。菱錳礦是神所派遣的傳遞使者，它的目的與使命是去清理、淨化太陽神經叢，整合肉體與靈性領域的能量。

當小孩第一次呼吸時，所產生最重要的生理改變是橫膈膜的運作。這個最有力量的肌肉附著在肋骨底部，隨著空氣吸入肺部下層而膨脹，並在壓出空氣時收縮。在潛意識層面，小孩與這個橫膈膜的運作之間，是以生命本身及以個人與外在世界的能量交換方式來連結。很小的初生嬰兒在仰面平躺時，展現出完全與完整呼吸的能力。藉由橫膈膜的平順運作來調節，在每一次吸氣中，呼吸能充滿下腹部與骨盆腔，並在每一個吐氣中流動地釋放能量。

當呼吸是深度與完整時，隨著每一個呼吸將生命能量帶入身體中，當它循環至全身的系統時，能為每一個脈輪充滿能量。但當生命經驗是痛苦或經歷創傷的，呼吸將自動地變得短促與淺弱。這想避免被帶引入身體不協調環境的潛意識意圖，會引起橫膈膜的收縮，在太陽神經叢上的情緒壓抑，及喪失身體上的生命力。這類型的能量障礙繼而需為許多身體上的問題負責任，例如胃潰瘍、呼吸與肺部問題（氣喘）、消化功能失調、便祕及身體感官的崩潰。

為了治療這些症狀，必須先釋放製造問題的情緒壓力，並繼而訓練身體適度的呼吸，如同鍛練我們的心去消化吸收生命經驗，而非隔離外在情境。這活躍振動卻又溫潤甜蜜撫慰人心的菱錳礦色彩，不僅療癒身體的狀況，亦提供情緒上的治療效果，因為如此才是能真正改變形成疾病模式的必要治療。因此菱錳礦是一個理想的礦石，用來處理任何上述的身體失調情形。

當菱錳礦的能量滲透進入能量場時，一個靈性化的過程開始發生，較高脈輪中心的更高能量被激發、傳導進入較低脈輪中心。同時，身體系統被活化，且變得更具接受性去消化吸收較高的頻率。當較高與較低脈輪形成連結時，一個人將在物質世界中被賦予力量，去有意識地利用較高能量中心的創造性實用能力。

菱錳礦與孔雀石有很好的搭配運用效果。孔雀石的吸取力量將使壓抑的情緒能量浮現至表層，如此菱錳礦的撫慰與和諧特質始能付諸行動。將這兩種礦石一起搭配使用在水晶治療排列上是十分理想的。將孔雀石與菱錳礦礦石以沿著身體中央線的方式，在肚臍與心輪中心之間排列，去清理淨化與平衡脈輪。將菱錳礦直接使用在太陽神經叢點上（在胸骨正下方，介於肋骨之間）的方式，能有特別的效益，可成為一個在較低與較高三角形之間的連結橋樑。

在菱錳礦上通常會發現有白色紋路貫穿其上。這象徵著這種礦石，擁有能將白光能量從頂輪傳導至身體中的力量。菱錳礦以多種的蜜桃色調呈現，從淡粉紅色到深橘色範圍。礦石通常為珠寶工切割與拋光琢磨，但亦有些以天然厚板狀呈現。

菱錳礦的水晶與晶簇是稀有的，但偶爾可在大型的珠寶與礦石展覽中發現。這些收藏家的收藏品價值不斐，因為它們明亮耀眼的結晶體形成最高等品質的菱錳礦。同樣罕見的是寶石級的菱錳礦，通常以較深的橘色色調及清澈美麗的樣貌出現。寶石等級的水晶或礦石能被當作救助工具，運用在中毒情形中，輔助淨化血液。以深橘紅色菱錳礦製成的精華液，對癌症治療的過程與肝臟的淨化是很有輔助價值的。

在菱錳礦以珠寶飾品方式被佩帶時，最能展現出它動人的一面。當所佩帶的礦石屬寶石等級時，它清澈的品質能振動意識，並將意識提升至靈性覺知的領域。當佩帶著半寶石品質的礦石時，它能將靈性的覺知傳導至身體中，用以顯化於世間。在水晶治療排列上，寶石等級或半寶石等級的礦石亦能為相同的目的而使用。無論以二者中的任一形體或目的使用之，皆能幫助靈性與物質有更好的整合。

另一個菱錳礦的正向療癒特質，是在於它們具有幫助視力恢復健康的能力。視力衰退的原因時常來自於「不想看見」，或意識到生命中或在他們的個人經驗中的特定要素。這些逃避與否認的態度最終將影響視力。在這些例子中，可將小型的菱錳礦礦石放置在眼睛周圍，幫助一個人對他們所看見的事物及其感覺，能予以接受，正向地詮釋、吸收及加以整合。

寶石等級的菱錳礦能被使用在靜心中，幫助集中在靈魂的目的上，及獲得對個人的生命使命的澄明與清晰。在靜心中，可將礦石或水晶握在左手中或向上放置在第三眼中心的位置，去接收他們的個人訊息。菱錳礦能被放置或握在眉毛、太陽穴及頭顱中央接縫線之上，去刺激腦部，讓更多的靈性能量去落實與居住於身體中，並滲透進入思維過程中。

舒俱徠石（盧芙徠石）

即使這個特別的礦石通常稱為舒俱徠石（亦別稱盧芙徠石或皇家徠佐），為感性的目的，我們將引稱它為「盧芙徠石」。

盧芙徠石只有在最近十年才出現在這個星球上；直到現在，人類仍尚未準備好去接受盧芙徠石所反射出的深紫色光束。不像紫水晶所展現的晶瑩剔透紫色，盧芙徠石通常是濃密的、不透明及不透光的，它的紫色是深暗且具有目的性的。

盧芙徠石將以太層的紫色光束深層的落實到地球上，讓它能更容易接近與取用於身體的療癒。紫色與靛藍色是針對第三眼的色彩。盧芙徠石所顯現的紫色光束，代表著心智與肉體的連結。心智及心智所散發出的思想，對身體的健康狀況有極大的決定力。

盧芙徠石是一種新世紀礦石，它的目的是建立意識的控制力，去駕馭心智能力，如此能獲得平衡身體必要的療癒力量。把盧芙徠石放在第三眼上時，它將對它的忠實學生啟示他們為何創造了自己身體的失衡，及此經驗帶來什麼樣的教導。如能達到這般了解，即有可能清理淨化，並釋放造成身體疾病的心智與情緒關聯性，使身體呈現健康的狀態。

癌症是地球上一種最令人恐懼與最具破壞力的疾病。作為一個二十世紀的疾病，癌症明顯的與壓力有關，且能以許多樣態顯現在身體上，並攻擊身體上的任何部位。這個疾病普遍存在於我們社會中的現象，是人們無法釋放生活壓力的明顯指標。舊有的憤怒、憎恨、恐懼、挫折、哀傷或不安全感，如未能妥善地處理，會產生並增加身體系統的混亂，使身體無能力再繼續處理壓力，而崩潰於內在壓力之下。

盧芙徠石是壓力釋放的活門，能將和平與了解帶入已失去自己力量來源的心智與身體中。盧芙徠石幫助個人連繫他們的心智體，去明瞭何種因素導致身體問題。藉此，心智能駕馭及控制身體，並傳導大量的治療能量進入身體。這個療癒的力量如能被妥善運用，就擁有力量去治療任何疾病，及完整修復心理與身體健康。

對那些非常敏感與敞開的人而言，盧芙徠石是最佳的使用礦石。具有高等心智能力與善良意願的靈魂，通常會被這個星球上的強烈負面振動頻率與影響力淹沒吞噬。這些人也較容易得到不治之症，因為他們無法理解為何世界如此運作著。在他們的自暴自棄與絕望中，他們時常潛意識地選擇以死亡來結束受苦。

以佩帶、靜心或攜帶的方式來使用盧芙徠石，有助於將靈性心智上的領悟帶到廣泛的物質層次上，並藉此使個人能散布更多的光與愛到世界中。盧芙徠石是高等覺知的礦石，能讓紫色的光束變得柔美且運用在物質世界的基礎上。

在這個時代中，有許多極度敏感的先進存在體誕生於世界上。這些純真的孩童是新時代的光能工作者，擁有非常明確的目標與使命。盧芙徠石將幫助這些珍貴的靈魂與世界整合，並提供他們保護，使免於受到任何有害能量的侵襲。在睡覺中的小孩枕頭底下放置一個盧芙徠石，或在小孩外出進入世界時攜帶盧芙徠石，亦能提供相當程度的助益。

盧芙徠石的本質將教導小孩如何調適任何環境，而又能同時與他自己的光能中心保持完美的平衡。隨著孩童成長進入成人時期，盧芙徠石能幫助繼續維持並保有孩童世界的純真、智慧與奇幻力量。它也是一種理想的礦石，幫助那些已遺忘如何去連結那些層面的成人，再度喚醒他們內在的生命活力與品質。

當將盧芙徠石礦石使用在水晶治療上，礦石能被放在前額上，去使心智連結第三眼的智慧。心智因而成為一把鑰匙，去理解為何產生疾病的現象，以及何種心智與情緒的關聯性需要被矯正與平衡，以帶來一個完整與全面性的療癒。當與盧芙徠石礦石運作時，心智變得與靈魂更有連結，靈魂繼而傳導它的治療力量回流到心智，並進入身體。

將較明亮的淡色盧芙徠石放在淋巴結上，去清理及淨化淋巴系統，是特別理想的。它們能被放在鼠蹊點上，在手臂上，沿著鎖骨，或放在脾臟與肝臟上去協助淨化血液中的毒素。它能與紫水晶連結使用，放置在第三眼中心上，去引領心智進入靜心狀態，而能連結不可思議的智慧。這種品質使盧芙徠石成為：一個在靜心或禱告中用來握持或佩帶的完美礦石。

因為現今盧芙徠石在地球上的產量有限，且逐漸受到喜愛，要尋找這種有價值的礦石可能是個挑戰，且當你尋獲時，價格亦可能頗高。但它值得尋覓的堅持與價格。盧芙徠石能以美麗的蛋面切割狀、高品質的多角切割礦石，及手工雕琢的式樣或天然未拋磨的方式呈現。在為自己挑選礦石時，將盧芙徠礦石放在你的第三眼位置，讓它與你的直覺溝通，即可知道它是否是目前最適合你使用的礦石。信任你接收到的回應，並享受與這個有影響力的礦石一起運作的經驗。

盧芙徠石為地球帶來紫色光束的本質，及其上所附帶的所有智慧與奉獻的禮物。盧芙徠石實現了將能量從我們存在本體中最高等精微的層次，移轉到我們的物質實相中，幫助我們以多元化創造性的方式，將該品質運用在生活中。當我們學習接通自己內在永恆無盡的源頭時，盧芙徠石將教導我們如何以最有智慧的方式使用力量。

盧芙徠石將天堂的訊息攜帶至地球，並協助我們將那些靈性能量整合至我們的日常生活中。與盧芙徠石一起工作，佩帶或靜心能賦予個人力量，去傳導高頻率的紫色光束能量進入生活中的每一個層面。因此它喜愛被鑲嵌在最佳純度的黃金上，並在周圍以鑽石鑲綴，去展現它所代表的實相。

盧芙徠石對於認知它自己是誰，及它為何而來，是毫無疑惑的。它與它自己光的本源有著穩定的連結，因而能夠教導忠誠的學生如何與他自己內在之光的源頭建立連結。盧芙徠石將對敞開的心智展現，當你與能量的永恆無盡源頭認同一致時，成為謙遜是多麼的簡單。繼而你將會了解，你只是整體宇宙中一個非常小的部分，但卻又活躍與重要，並在宇宙萬有中表達你獨特的存在。

盧芙徠石藉由驅散任何阻止你認同自己內在神性的自我懷疑或無安全感，來幫助你建立對自己的好感。盧芙徠石述說著：「你的存在是非常重要的，你為生命力量本身所深愛著。明白且成為你本然的自己，並以慈悲與力量行走於地球上。」盧芙徠石是傾倒注入聖杯之中的聖泉，它是蘊含在每一個原子與每一個靈魂之中的智慧。盧芙徠石在此時期現身於地球上，象徵著現在是接通靈魂的源頭，並達到與永恆真我合一狀態的黃金時期。

隨著人類演化到更為開悟的狀態，清澈、透明並反映靈魂深度的寶石級盧芙徠石，將大量的被發現。繼而隨著紫色光束傳送宇宙智慧到地球的每一寸土地上，紫色光束將在這個星球上彰顯出它的完美榮耀表達。

電氣石（碧璽）

電氣石是現今地球上所能取得的最強烈與美麗的礦石。在過去十年中，它受歡迎的程度大幅地增長中，因為所有的人，不論是在意識或潛意識層面，都會被它與生俱來能提升周邊振動頻率的能力吸引而來。當靠近欣賞電氣石時，會看見以完美平行方式排列的突出狀長條紋。這個幾何圖案的設計，是電氣石能擁有這麼多力量的一個主要原因。這些條紋傳導光的電磁光柱，能立即將稠密的振動頻率轉化成正向的能量電流。

電氣石能使用在你想要增加光能的任何時間與地點。可將它擺放於祭壇，脈輪穴點上，孩童的房間中，在盆栽中或周圍，寺廟或教堂中，或當成珠寶飾品佩帶。在水晶治療中，可將電氣石放置於脈輪之間，幫助脈輪與脈輪之間的連結與能量的流動。電氣石、菱錳礦及孔雀石搭配使用於太陽神經叢是特別理想的方式，可幫助整合較高與較低的脈輪。

如能持續規律地佩帶或使用電氣石，快速順沿著電氣石條紋移送的高能量電磁流，將增加個人本身的群眾魅力與耀眼光芒。亦可為導引宇宙力量進入個人存在本體的目的，而設計與製作成精緻美麗的電氣石飾品。

電氣石能量會在人體能量場中、編織出一個複雜精細的光能織品。因電氣石帶著蘊含喜悅、力量、和平與慈悲的絲線，交織混合並融入個人的本性中，故容易對電氣石所提供的本質心存感謝。電氣石的目的之一，是將更高的美德及宇宙的重要法則傳送到地球上。那就是為何電氣石如此大量現身於一九八〇年代。

電氣石能教導地球人類將有限制的思想概念擴張與轉化，以進入更精緻的實相中；遠遠超越我們現在所能理解的境界。電氣石本身擁有一個非常特別的訊息，那就是：「使你自己與光的力量聯合，並將閃耀之光傳導至你的世界與你的生命中。」電氣石能以身示範並彰顯這種能力，因為它勇敢地聲明著，那不僅只是一個可能性，而是人類的真實命運。

電氣石能在一個人的周圍形成強大的保護能量場。個人將內在之光擴展到外在世界時，必須先培養紀律與修養，而電氣石的此種能力，能在該階段協助個人在保護的能量場中成長。電氣石表達了內在與外在的平衡，並欣喜地與你分享它的真實品質。

電氣石是現今在此星球上最完整的礦石。它擁有能反映全光譜色彩的能力，從清澈明亮的白色到最深沉的黑色。電氣石調整它的振動頻率去顯化每一個色彩的完美表達。經由此舉，電氣石展現以多元性態樣來表達光的能力。

電氣石扮演著橋樑的角色，使大地能與天堂融合，精微能量體能與身體調合一致。它以減緩靈性頻率並提升物質濃密頻率的方式，創造出力量的平衡。這將形成宇宙與物質能量的和諧交融。

電氣石並非地球固有的礦石之一。它曾被更高等的生命體加以物質化，呈現在我們的星球上，來協助人類穿越進入寶瓶世紀的轉化過渡時期。電氣石將在靈魂上搭起一座彩虹橋，使靈魂能在彩虹橋上往返移動，並表達它的多度次元形體。經由提高物質頻率並減緩靈性振動頻率，電氣石能創造力量的一種均衡狀態，使不同的世界連結在一起並合而為一。

電氣石權杖

權杖是這個多度次元礦石中的一種最令人讚歎的形體。以細長條狀，清透與天然尖端的樣貌出現，電氣石權杖傳導著高等力量的電磁能量。如能有意識地運用，這些權杖有顯現奇蹟的能力。經由適度地導引這些光能工具的正向力量，能超越物質法則，產生非比尋常的療癒效能。在個人的經驗中，我曾經見證一件多重色彩的藍色電氣石，協助修復了經醫學認定為神經完全受損的情況。一位因車禍完全喪失左手臂行動力的女士，曾接受多次深度且強烈的水晶治療個案。在使用權杖對神經與經絡通路進行充電之後，她能再度感覺到神經脈衝，且在最後終能再度活動她的手臂。

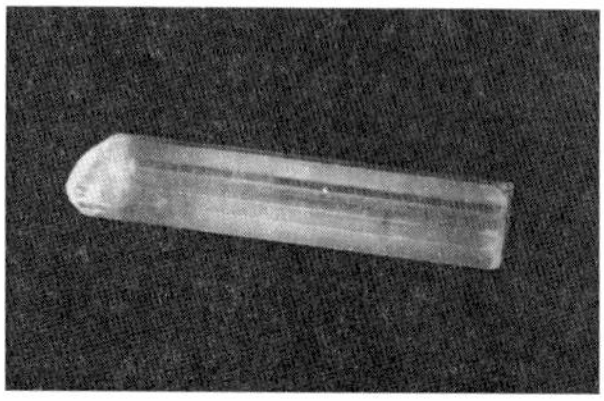

帶著足夠的訓練，能以沿著頭顱骨之間的接縫線，及在頭部特定的穴點上使用電氣石權杖，去激發某種型態的腦部活動。這種先進的技巧可被比喻為未來主義的雷射激光束腦部手術，能將陳舊的、無益的心智過程清除，並以更好的思想模式取

代之。這種型態的治療方法，能幫助轉化犯罪者的破壞毀滅習性，及青少年的社會適應不良的情形。

天然形成尖端的電氣石權杖是許多人渴望尋獲的物件，價格雖昂貴，但值得投資。權杖能以單一或深淺漸層的顏色呈現。有些電氣石權杖長達八英寸並反映著彩虹的色光。權杖愈是清澈通透，愈能攜帶更高的電量。如果一個人是敏感與敞開的，即能感覺到經由這些神奇權杖所傳送的強力動能。

有人相信，在南美洲安地斯山脈深處進行鍊金術的密室中，創造著特別的電氣石權杖。那些施行這種神妙術的開悟存在體，先使這些珍貴權杖的物質形態消失，進而運送，並再度加以物質形體化顯現於南美洲的礦脈中。這些獨家的絕美品項一經開採出來，即能在對的時間吸引對的人來到。

這些權杖所擁有的力量不能被誇大。某些形體大至十二吋，呈現完美的尖端，並顯現全光譜的色彩，從底層的黑色到尖峰的白色。這些光能的工具，會被一個直覺地知道如何去使用它們的人吸引。它們應隨時受到保護，並以安全的方式保存著。如能妥善使用這些神奇的權杖，當它們使意識與全能無限的宇宙力量聯合時，將同步地振動所有的脈輪。

綠色電氣石（綠碧璽）

這個礦石是一個全方位的治療師，將它的能量從最細緻的精微靈性本質擴展到最粗獷物質形體上。綠色電氣石有能力去淨化並強化神經系統，使系統能運送更大量的靈性力量。當身體改變它的頻率去適應綠色電氣石的能量時，荷爾蒙的平衡系統將轉換去容納更偉大的電能力量。因擁有更多的能量在身體中運送流動著，更高等的意識能被維持與保有。

綠色電氣石權杖能順沿著經絡線與神經通道使用，使身體的電路系統充滿電能。綠色電氣石是用來使用或佩帶的一種傑出礦石，以解緩慢性疲勞與精力耗竭的現象。它的持續再生與活化細胞品質，使它成為所有提供生命力量的綠色礦石中最受歡迎的一種。綠色電氣石將為使用者或佩帶者吸引豐盛與繁榮。

綠色電氣石提供一個廣泛多樣化的使用選擇，以色彩的濃淡為分類範圍，從清淡與透亮的綠色到最深色調的祖母綠。有些藝術家佩帶著綠色電氣石來啟發創意。

有些人運用它來封住——使他們變得脆弱、易受負面能量影響的能量場破洞。許多人使用綠色電氣石來強化投射、創造及顯化他們的目標。無論如何運用，綠色電氣石將調整它自己去符合個人特殊的需求。

粉紅電氣石（粉紅碧璽）

粉紅電氣石是心輪三位一體礦石之一。它能與粉晶與紫鋰輝石連結使用，去引發心輪的完全開啟與活化。粉晶首先集中在發展自我之愛，紫鋰輝石繼而將愛啟動、活化，並準備好向外表達。擁有這種基礎準備，粉紅電氣石能進而發揮它的影響力，去將那份榮耀的愛貢獻給這個世界。

粉紅電氣石是物質世界中愛的給與者。它的存在為生活創造了喜悅與熱忱。粉紅電氣石歡欣的宣告著：「去愛是安全的，去照顧與表達自己的情感是被允許的。」粉紅電氣石以它自己慈悲的永恆無盡源流保護著自己，在那個慈悲源頭中，無須恐懼或保留。它強力地轉化了使心綑綁在悲傷與恐懼之上的障礙。

使用、攜帶、一起靜心或佩帶粉紅電氣石，將鼓勵人們的心去釋放過去的傷痛，且再度信任愛的力量。許多疾病是源自深植於情緒的傷痛。充滿活躍振動的粉紅電氣石，以一種頻率振動著心輪，來融解與消散那些貯藏心中的舊有破壞性感覺（參考「粉紅色電氣石的螺旋排列」，第三章）。一旦心輪清理淨化了這些過往影響，繼而能明白擁有情感的真正目的：去表達愛的豐富與喜悅。

粉紅電氣石以多樣性的色彩呈現，從深紅色到明亮清透的玫瑰色。每一個色調所提供的目的稍有不同，但全部皆為事奉心的最高層次而奉獻。

黑色電氣石（黑碧璽）

黑色電氣石以讓負面能量轉移方向的方式運作，來取代吸收它們。當進入充滿負面能量的環境中，或預期將與濃密或沉重的能量接觸時，可以運用、佩帶或攜帶黑色電氣石。黑色電氣石有助形成一個保護罩，讓個人能對有害身體或心靈的影響力免疫。它也能用來中和個人自己的負面能量，例如憤怒、憎恨、嫉妒、無安全感等等。藉由攜帶或佩帶黑色電氣石，將能大幅地減輕神經質（過敏）的傾向。

電氣石反射出的活躍振動黑色，閃耀放送著光芒。它是適合用在嘗試落實靈性能量情形的礦石之一。在水晶治療中，它是一種放置在較低脈輪穴點的理想礦石，從較高脈輪將能量傳導至身體上並加以利用。黑色電氣石權杖可用來放在膝蓋或腳上，使尖端朝向腳指頭，去將負面能量引出身體外。

黑色電氣石權杖也能用來將頂輪的能量導引至海底輪。如在能量場中或身體上發現任何阻塞的部位，可在阻塞的區域上握住黑色電氣石權杖，以逆時針的方向去淨化與釋放受阻的能量。在練習這種技巧時，建議使用至少三個透明水晶，尖端指向受影響的區域，來幫助融解阻塞。

有些黑色電氣石也被發現居住在透明石英上（稱電氣石石英）。透明白色與閃耀黑色的混合體創造了一個能量的完美兩極。電氣石石英能用來消除精微能量體，或身體上任何程度的負面能量。這彰顯了光與黑暗力量的合一，共同服侍一個相同的目標。

黑色電氣石是一位為光奉獻的侍者，勤奮地將光的表達，更清晰的帶入世界及那些被吸引來使用光能的人的生活中。黑色電氣石將教導它的學生如何在最黑暗的環境中，去保持發光與閃耀，及如何在充滿污染的居住城市中，及身處於無意識人群的環境中，去維持一個靈性的意識。它將分享如何在人們的心智中播種的祕密，播下的種子終將發芽生長，並綻放出更偉大的覺識。

雙色、三色與多色電氣石

雙色、三色、多重色彩的電氣石，擁有賞心悅目及喜悅運用的特質。電氣石清晰地反射出全光譜的色彩，並且有創意地加以結合與相融。有些電氣石能展現多達四至五種不同的色彩。電氣石權杖通常顯現出許多同色彩的漸層色調。這種將數種顏色結合在同一礦石上的能力，象徵著許多國家、民族與人們和諧共居共處的可能性。每一個顏色皆是它自身完美的表達，它調適與尊敬其他顏色的權利，來一起分享相同的礦石。你能見到深褐紫紅色，以美麗的方式與綠色、粉紅色與藍色和諧共享相同的空間。

在水晶治療排列上，粉紅色／綠色的綜合體是最好的色彩組合之一。這個雙色的電氣石小組是最好的心輪治療師。綠色的光束治療心裡所貯藏的情緒創傷，同時粉紅色啟發並促使愛流動於內在與外在之間。粉紅色／綠色電氣石一起運作，同步地除去雜亂的野草，並播種新的種子。

這個種類的電氣石能用於水晶治療中，放置在心輪及太陽神經叢上，或沿著周圍擺放。它將活化與更新因遭受生活的挫折與不幸而受苦的心。這個重要的雙色礦石，能幫助那些生活態度過度嚴肅的人建立幽默感。它減輕了心中的負荷，而使真實的內在美麗能被看見、感覺與表達。

第五章

其他重要的治療礦石

這個章節是一篇蘊含著，對其他重要治療礦石的效用與能量的摘要敘述。其中有許多為「數世紀的力量礦石」，因它們所擁有的治療品質而被使用達數千年之久。有些礦石具有較少的知名度及使用上的歷史傳統。所有這些礦石皆能被使用在水晶治療排列上，有些甚至比新世紀礦石更能提供與滿足特別的個人需求。

如同往常一般，當與這些礦石的治療特質一起運作時，去為你工作的對象挑選出最符合其需求的礦石。對有些人來說，這些礦石的能量可能比新世紀礦石的較高頻率來得容易吸收。以下所有的礦石皆屬於地球固有的礦石，能被用來蛻變轉化人類的基本品質，幫助人類更能接近與取用自身的較高精緻、純化的能量。

這些礦石，連同列於本書的圖表，對蛻變轉化的過程提供了主要的貢獻，能用於治療工作上、靜心中、救助目的，或作為珠寶首飾。

琥珀

琥珀並非結晶的結構形體，也無法將它正確地加以歸類為礦石。實際上，琥珀是數百萬年前的松木汁液化石。在松木汁液中經常發現小型的昆蟲、花朵、種子與其他史前時代的自然殘餘物。這些保存的生命體，使琥珀成為一種考古學上值得探尋的研究題材。

琥珀並未散發出強烈的治療能量，但它的確具有從身體吸收疾病的力量。將塊狀琥珀放在身體上任何不平衡或疼痛的區域是有幫助的，琥珀能吸收負面能量，並幫助身體的自我療癒。通常為此種目的使用琥珀之後，它將變得非常晦暗與混濁。在使用琥珀之後，始終應加以淨化，確保它的治療效力，及避免它受到負面能量的干擾。

在治療上，琥珀最常因具有反射明亮金色光芒的能力而被使用。將琥珀放在身體器官上，這區域的組織將被再度活化。這種金橘色光與臍輪有關連，可幫助能量落實至身體中。那些有自殺傾向、不想待在身體中，或容易沮喪的人可佩帶或使用琥珀，它將幫助較高能量落實到地面，供身體為治療或平衡目的而使用。琥珀能製成為增添美麗而佩帶的絕色珠寶首飾，也同時擁有落實與穩定的效果。

藍銅礦

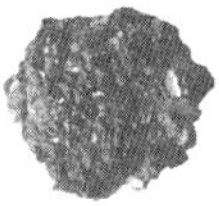

在每一個靈魂的演化中，將會有一個時刻來臨——就是必須去挑戰自身個人實相的本質。藉由放掉舊有模式的信念系統，即有可能大幅躍進到一個更偉大的實相中，並經驗到擴張的覺知；此境界將會在以對生命更深層的理解，來取代不合時宜的概念時發生。藍銅礦是專為那個躍進而使用的，它正象徵著光，因為它能融解每個恐懼中的黑暗，並將之轉化為更清晰的了解。

它閃耀的深靛藍色有能力使潛意識思想移動進入意識中。當心智模式浮現時，繼而能以更純淨的試金石來客觀地審視與檢驗著真理；一個更偉大的內在洞見與洞察。藍銅礦激發更高等的思想，使深層的潛意識模式浮現出來，並由意識的覺知來檢驗。這個過程能修復、更新及再度激發思想，去滿足一個更高的目的。

在古埃及文明時代，這個有價值的礦石為最高祭司與女祭司所使用，用來將他們的意識提升至神意識的境界。在今日它亦能提供類似的目的。直至現今，它的能量更為落實，藉由更新我們內在光源的信念，來協助我們在地球上創造天堂。在演化的過程中，藍銅礦變得更加稠密，但仍不減明亮光彩或力量。

藍銅礦水晶的純淨清理了心智與靈魂，並帶來光與真理，去取代不合時宜的信念系統。這個深度振動的藍色，擁有能力使治療能量移送通過個人本體的所有層面——從身體到最精微的層面。藍銅礦扮演著一個觸媒的角色，去引發能整合地球與以太層、身體與靈性的轉化。當潛意識心智經過淨化時，能將內在之光注滿於思想、感情、語言與行動。

在某些特殊的場合，可在寶石及礦石展覽中發現天然的寶石等級藍銅礦權杖，這是最為珍貴與力量強大的工具。可將它的尖端導向太陽穴或前額中心，來激發第三眼能力。一如往常，每當使用類似此種力量的物件時，應祈請召喚你的較高指導來協助，並觀想著光圍繞著你自己與你的夥伴。

塊狀藍銅礦或治療礦石，能用來放在身體上任何有障礙或阻塞的部位。當藍銅礦光束穿透並移送能量時，造成身體障礙的心靈情緒因素有可能浮現至心智上。當此現象發生時，可能需要提供諮商或靜心上的協助，去釋放障礙的根源。

血石，血玉髓

在血石中，深大地綠色與同深度的血液紅色結合在一起，形成一個非常有力量的身體淨化者。這個礦石是一位重要的治療師，因為它能淨化血液，強化有淨化血液功能的器官：腎臟、肝臟、脾臟。紅色及綠色的組合具有極強大的力量，能將有治療能力的綠色色彩傳導進入血液中，通常形成一個解毒（排毒）的狀態。這種礦石能用來放置在身體上受阻塞或循環功能不良的區域，主要分布在具淨化功能的器官上。對那些為自己進行身體或情緒清理淨化的人，血石協助轉化我們的身體承載器，使能運送更大的光與能量。

紅玉髓

紅玉髓是玉髓家族中最受歡迎的礦石之一。橘紅色的瑪瑙是由二氧化矽（通常稱為石英）所構成的，它是一種地球上所發現最普通的化學複合物。紅玉髓並非如同透明石英及紫水晶般，以六個菱面連結成尖端的水晶態樣出現，它以較低的能量頻率振動著，但它仍值得擁有成為石英家族重要貢獻者的身分。

如同所有的瑪瑙，紅玉髓隨著地球的循環期而演化著，並成為數世紀的力量礦石。紅玉髓是地球的寶石，是我們這個星球力量與美麗的象徵符號，它代表著金橘色的黎明破曉、紅色的落日、秋季的落葉，與豐饒肥沃的良田土地。它隨著人類一起成長與演化，已有數千年的時間。它能協助去教導個人如何在生活中開拓一個獨特的空間，及如何在物質世界中運用個人的力量。

紅玉髓並非是一個高等力量的能量來源，且將為它自己的目的而吸取光能。相較於較高振動頻率的清透礦石，所能進行的投射與散放光能，它如實的反映出我們自身物質世界的色彩深度。因為紅玉髓是地球固有的礦石，攜帶著這個星球的故事與紀錄，在受過更進階的訓練後，它能被用來引導進入過往事件與經驗中。

紅玉髓在物質層面上，扮演著能量的落實者與顯化者。它對那些心不在焉或困惑與注意力無法集中的人，是很有幫助的。它能將注意力落實到當下的片刻中，如此個人始能專注致力於目前發生的事件，因而變得更有生產力。當用於靜心中，它能幫助心智集中在更高的意願與目標上。它是一個理想的礦石，去放置於肚臍與骨盆部位的周邊，來幫助不孕或性無能的情形。橘紅色能激發性能量中心，協助血液的淨化，清理生殖器官上可能阻止受孕成功機率的身體能量阻塞。

紅玉髓能雕琢成美麗的珠寶首飾與宗教的徽章。那些為求保護目的而使用它的人，通常會將它放在醫藥袋或護身符中佩帶著。紅玉髓能激發更深層的愛，及對大地的美麗及所贈禮物的感激。

青金石

青金石是其中一種數世紀的力量礦石。深寶藍色帶有明亮的金色斑點，經常成為力量與皇家的象徵。在古埃及時期，它被認知為神的色彩，且被尊崇為來自天堂的使者。在埃及人所居住的大片荒漠中，這個深鈷藍色與他們的乾旱沙漠色調及色澤形成了強烈的對比。金色斑點有如夜空中的星辰，它們被視為探尋真理與光的試金石。埃及人相信以這些礦石來靜心，他們能夠觸及神的永恆無盡的聖袍邊緣。

這種礦石常被研磨成粉，並製成高等祭司及皇族的長袍與衣著的顏色染料。經由穿著這個顏色，埃及人感覺到他們成為神的代表，及那股超自然的力量將增強他們生命的力量。青金石也能磨成粉末，作為特定疾病的救護劑與中毒情況的反制劑。有人認為這個神的深藍力量將清理淨化身體系統，並能去除不潔與毒素。

埃及人相信靈魂存在於心智之中，並以腦部為居所，故青金石藍成為心智治療師與靈魂淨化器。青金石被使用來洗滌淨化邪魔附身的靈魂，將礦石磨成粉末，與黃金混合攪拌，製成用來濕敷的糊劑，塗抹於頭部的頂輪處。當它變乾時，能將邪魔能量吸出，並淨化靈魂的不潔之處。在某個極端的例子中，是在頭蓋骨上鑿一個小洞，然後將青金石混合劑倒入受邪魔控制的頭部中。

今日，青金石能作為一個兼具心智與靈性的清潔劑。它能被高等進化的靈魂有意識地使用於特定的情況，來洗滌或淨化留存在能量場上不需要再攜帶的過往部分。青金石能用來放置於第三眼區域，去穿透潛意識障礙，使能與具有超然直覺的心智連結。青金石將幫助個人發展穩定度及心智的力量，經由此二者，靈魂的力量始能適當的運行。

青金石引導心智向內在探索它自己的力量本源。在這個過程中，通常有許多充滿情緒創傷的舊有記憶模式浮現，且需要被釋放與治療。因此在進行此類的工作時，可建議取一個特定的礦石與青金石搭配使用（綠色東菱石、粉晶、紫水晶）。青金石代表著經歷與穿越你自身的黑暗與幻象，自己的潛意識，去真實地與你自身的神性相認同與合一。金色的斑點象徵著這個過程完整時所能達到的智慧。

孔雀石

我是孔雀石，綠色的火燄，第四道光束的蛇。我是蛟龍，撒旦的恐懼，蜥蜴、巨蛇、青蛙、濃霧；我們相識在你最莊重的夢中。

我是轉動的輪，輪轂與活動的中心，宇宙的展現。我是黑色的空無，在顯化上展現凝聚力與稠密度。我是孕育宇宙萬物的子宮。

我是你內在尚未知曉、尚未形成、尚未顯化的部分。

我是古老的，自太初起你們就已認識我。我是原創性的思想，原創性的目的，你們必須與我一起運作並透過我。

有些人說「我是濃密沉重的」，故不吸引人，然而只要你們持續待在這個星球上，就必須克服濃密沉重的情況。除非你們與物質世界一起進行創造，否則你們又如何能了解靈性的本質與靈性的法則？

你們身上沒有任何部位仍保留未被我觸碰的，因為我是創造力，你內在的可塑性本質。

我的面具是黑暗，我的目的是創造，我是孕育的子宮，神祕的水潭。不要探求能完全的理解我，我的本質是深不可測的。我是你心中最深切的渴望，你心智中最深度的恐懼，經驗的最終極過程——宇宙萬有的創造。

明智的使用「我是」的力量。我是孔雀石。

——蓋瑞・佛雷克

孔雀石為已知的最古老礦石之一，它所具有的治療與轉化特性，已被使用達數千年之久。在古埃及時代，孔雀石為上流階級人士使用，作為他們主要的有力量礦石之一。它提供了落實的能量，幫助他們傳導更高的能量到這個星球上。法老王通常將孔雀石排列鑲嵌於頭飾內，相信它能幫助他們英明地統治人民。這種礦石亦被研磨成粉末，為視力不良情形、內在洞見，及為美容保養的目的而使用在眼睛上。

孔雀石能為不同的人提供不同的目的。如果某人是非常進化並獻身於人道主義目標，孔雀石能協助將更高的能量落實到這個星球上，為這些目標而運用。對於那些處於淨化過程中的人，孔雀石扮演著對潛意識的清潔劑與明鏡，將需要淨化的部分反映並顯現於意識中。

孔雀石是大自然的深度治療力量綠色的化身，代表著大地藥草、花朵、樹木、植物及根與生俱來的美麗。它顯化著掌管物質界的綠色精靈。這個礦石是色澤稠密與不透光的，以吸收能量來取代散發能量。

將孔雀石放置於疾病或疼痛的部位是很好的，它能吸出負面能量，促使背後潛藏的心靈與情緒因素浮現出來。因為具有吸收特質，在使用之後的礦石淨化是重要的，因為如果它們吸取太多的負面能量，會變得晦暗與無生命力，並喪失它們的力量。淨化孔雀石最有效的方式，是將它放在一個較大的水晶簇上至少三個小時。它也能以水及陽光淨化法加以清理（詳「水晶礦石的照顧與淨化」，第二章）。使用鹽來淨化孔雀石並不適當，因為它擁有柔軟的質地且容易受刮傷。

在美妙的片刻，能量與流動存在於花紋、圓圈與圖案之中，構成了孔雀石固有的無窮創造力模式。孔雀石中的圖騰述說著許多的故事，揭露有關礦石本身的訊息與目的。例如，在一個礦石上，一邊有兩個結合在一起的圓圈，另一邊僅有一個圓圈，能被使用來協調個人內在或關係中的二元性。

無論孔雀石有無符號或圖騰，皆能被放置於第三眼處，與其調頻連繫，以直覺或直觀地接收礦石所傳達出來的訊息。在孔雀石上發現的牛眼圖案是一種強力的聚焦工具，能在靜心中，用來放在第三眼處，以取得內在洞見或專注力。牛眼礦石亦能用來放在需要被打開，讓更多能量循環進入的任何身體部位或脈輪系統上。擁有直條紋的孔雀石將順沿著該條紋擺放的方向移送能量。

孔雀石如同一位善良與誠實的朋友──一位將會告訴你有關你自己的實情，及幫助你將意識上未能明白或看清的部分帶至表層。因為擁有能將未明白的部分浮現至表面的能力，將孔雀石作為治療礦石時，有嚴格的要求。在運用、佩帶或靜心時，孔雀石能吸出、浮現與反映出阻礙著靈性成長的部分。因此，應永遠帶著敬意來使用孔雀石，並對所含有的淨化效果保持覺知。最好能配合靜心使用這個力量礦石，來幫助平衡與釋放孔雀石帶至表層的浮現廢棄物。

孔雀石是一個全方位的治療礦石，能使用在任何脈輪上或任何身體部位。然而，它的最佳功效是運用在太陽神經叢，去清理淨化停滯或壓抑的情緒。當太陽神經叢是潔淨與敞開的，能量可在較高與較低脈輪之間自由的移送著。當將孔雀石直接放在太陽神經叢的穴點上，能將橫膈膜上的緊張釋放掉，並恢復深度與完整的呼吸狀態。這將會平衡心輪與臍輪中心膈之間的能量，形成一個幸福安康的身體與情緒狀態。

當孔雀石與其他礦石混合在一起時，將改變它的特性，且不再顯現出原有表彰它真實本質的清晰紋路、圓圈與圖案。如同在所有的關係中，為了與其他礦石融合，它必須放棄與釋出它部分的本體與個性。因為孔雀石是一位如此友善與意氣相投的夥伴，所以它能捨棄自身，進入一個有意義的結合：與兩種主要礦石，彼此為誠心悅服的合作夥伴——藍銅礦與硅孔雀石。藍銅礦與硅孔雀石二者顯現不同的藍色色調，每一種皆具有資格與能力，去與孔雀石大地綠色的強大力量融合在一起。經由合一，一個承繼了它們本身各別特質與目的的新存在實體誕生。

孔雀石藍銅礦

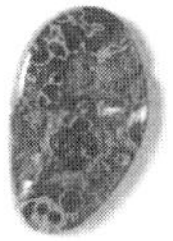

當孔雀石與藍銅礦結合在一起，藍銅礦的深藍色會被孔雀石的治療性質、綠色色調緩和，並因此創造出一個具有增強療癒力量的礦石。孔雀石將一點它追根究柢的能力讓給藍銅礦的深藍，並放棄它的某些力量與清晰度，創造一個更加明亮與平靜的光束。

這種礦石的結合體，適用在所有單獨運用孔雀石或藍銅礦時所放置的障礙或阻塞部位。二者一起運作，能有增強治療與吸收的效果。藍銅礦本身具有穿透及移送能量的效果，與孔雀石在一起，將使這個過程更加落實與整合。

孔雀石藍銅礦能鎮靜經常伴隨身體疾病的焦慮狀態，而使治療過程能夠發生。

藍與綠的混合色能撫慰人心且使治療變得可能。藍色能鎮定壓力，讓治療的綠色能在身體層面上運作。以身為一個結合體來運作，藍色進行穿透的工作，綠色能引發治療力量。孔雀石藍銅礦如同扮演著一件毛毯，能將某人包裹著，創造安全與舒適的環境來讓治療的過程發生。

當使用在第三眼上去清理淨化潛意識時，可能會有許多過往的思想與感覺進入意識覺知之中。這些充滿情緒的思想繼而能被中和與釋放，形成一個更高與更清晰的心智狀態。藍銅礦能穿透負面的心智狀態（沮喪、焦慮等等），去引發一個直覺性的經驗。孔雀石藍銅礦則協助將那種經驗建立成為個人的實相，來代替僅能維持曇花一現的短暫狀態。

當將這種礦石運用在你自己本身或他人身上時，必須為情緒的釋放與身體的排毒做好準備。準備好去引導你自己或你的夥伴穿越淨化的過程，並投入諮詢輔導、靜心、同理心或擁抱來支持。

孔雀石硅孔雀石

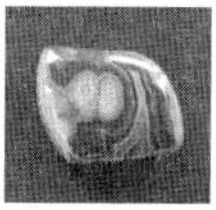

孔雀石與硅孔雀石的結合實在是個特別的合一。孔雀石的深大地綠色與硅孔雀石的天空藍和諧地混合在一起，去創造一個藍綠色光譜的明顯平衡。

在硅孔雀石女性能量的風采中，孔雀石軟化了它自己的力量，經常達到半透明或霓虹狀。硅孔雀石也捨棄了它的某些本質，變得順從於孔雀石。藉此舉，硅孔雀石能擁有潛力提升頻率，去顯現一個寶石等級的透明度。當此現象發生時，治療的力量增強，因為光可完全照耀穿透礦石。在捨棄與混合在一起中，兩種礦石能同時將頻率提高至單獨存在時鮮少達到的程度，使它們的天賦與才能協調一致，孔雀石硅孔雀石為個人與行星的修復、更新，提供了獨特的幫助。

這些礦石象徵著成為合一完整的境界，像似小型的地球——擁有土地與水，為綠色與藍色的象徵。將它們放置於大型透明晶簇上，為祈求賜予世界和平而祈禱，是非常有益的運用方式。經由此方式，在送出祈禱之後，水晶所產生的能量將持續的投送出心智影像。

當孔雀石硅孔雀石被佩帶著或放置於身體不平衡的區域，它能提供它的和平與安樂感，並將成為合一完整的訊息傳達至身體上。當意識到此，細胞與內部組織能良好的回應著這精微的頻率刺激，並努力使它們自己與這個和諧的化身調和一致。當將這些礦石放置在第三眼區域上，心智會變得平靜，且能中和負面的思想模式。以在第三眼及太陽神經叢上各放置一個礦石的方式使用，能使心智與身體聯合，這將建立起一致性，使個人與更高的清晰及慈悲溝通。

孔雀石是大地療癒力量的綠色，硅孔雀石是夏日萬里晴空的無盡藍色。藉由將大地與以太能量結合在一起，這種礦石能用來平衡與整合身體及靈性，創造出完整與安樂的感覺。

月光石

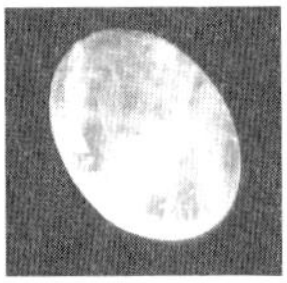

月光石有助安撫與平衡情緒。當情緒反應占上風時，很難與實相的更高層面取

得連結。在孔雀石將潛意識帶出時，月光石能給與平衡、撫慰與治療，個人因而不再認同及處於某種情緒狀態。月光石協助情緒的精煉與主導，將它們安置於更高意志的控制之下，來取代壓抑或表達。許多舊有的情緒模式被貯存在潛意識中。月光石扮演著一位進入潛意識通道的守護者，使我們免於情緒的攪擾，如此一個更偉大的覺知將繼而呈現。可將月光石放在下巴中央（月亮中心）去創造出這種平衡。

對女性而言，月光石也是非常實用的礦石，可在她們的月經週期中使用，幫助身體荷爾蒙的調節與情緒的平衡。它們也能幫助男性更能與他們本性中的內在女性層面取得連繫。月光石象徵著天秤座，經由中和負面情緒而達成終極平衡。這些礦石是一項禮物，能使個人經驗心智的寧靜與和平。一旦獲得那種經驗，並成為我們本性中的一部分時，情感上的恐懼將被中和，且達到情緒的平衡。

橄欖石

橄欖石顯化出一種大自然最通透與活躍振動的綠色，可是它的振動頻率未如其他綠色光譜中的礦石一般高頻或強烈。孔雀石與祖母綠也呈現出這個顏色，但與橄欖石相較之下，在這些礦石中形成的綠色混合了更多的藍色光束。藍綠色礦石將能量導向心理、情緒與靈性的層次，而更大量的黃色，能將具有療癒力量的綠色帶入身體層面。因為橄欖石與生俱有大量的黃色，直接影響了太陽神經叢與臍輪區域，這些區域為黃—綠色能量所掌管。橄欖石擁有地球層面的綠色，可啟發身體中的療癒力。

將橄欖石放置於太陽神經叢部位上，神經性情緒緊張的狀態，俗稱為「蝴蝶亂舞—慌張狀態」，即能得到放鬆、舒緩與釋放。它也能協助平衡內分泌系統，特別是針對掌管身體健康及與脈輪直接關連的腎上腺。橄欖石扮演著一種滋養液，使整個身體系統活躍與快速復甦，讓它更加強壯、健康與散放光芒。

黃色也是一種常與心智及智力有關的顏色。橄欖石有能力影響某種程度的負面情緒狀態，例如憤怒或嫉妒。它能淨化並治療受傷的情感、受挫折的自尊心，甚至可協助改善修復受損的關係。

橄欖石產量最豐與最受歡迎的時期，是在一九三〇至一九四〇年代之間。它的治療能量在第二次世界大戰期間顯現，幫助因經歷激烈戰爭而遭受心理痛苦的數百萬人們。它也是一種相較之下，在經濟衰退時期較不昂貴且能負擔的礦石。

佩帶或觀想橄欖石振動活躍的淡黃綠色，能促進心智的功能與身體的重建及再生。橄欖石在今日依舊如同五十五年前般的閃爍動人與生氣盎然，且仍可滿足許多相同的目的與效用。它是一種很好的礦石，去送給那些與物質世界實相脫節的人；它將幫助物質的發展及擁有幸福健康。

透石膏

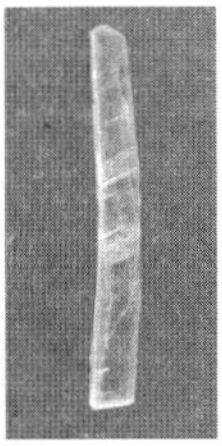

天然高等級的透石膏水晶，擁有礦物界中最清澈透明的品質。這個等級的淨度能將白光的純淨光束，反射至水晶所放置的環境中。當透石膏水晶用來作為個人靜心物件，它們能將個人內在真理的智慧帶入意識的理解中。因此，透石膏能使用來平靜與清理心智煩惱或困惑的狀態。白色是與頂輪有關的色彩振動頻率。透石膏能使用於靜心或水晶治療中，去啟動活化這個最高的能量中心。可將一個小型的透石膏水晶放在頭部頂端，激發腦部的活動，並擴張覺知。

透石膏象徵著心智所能到達的最清澈狀態，在該狀態中，所有進入意識中的思維皆來自源頭，是純淨靈性的直接映像。透石膏是一種為增進與提升心智力量而使用的水晶，它並未在治療較為沉重稠密的身體與情緒體上，提供太多的用途。

有些透石膏水晶內部含有纖細的直線紋內包物，這些細條紋有如書本中的文字行列，敘述著內部記載訊息的故事。這些訊息可能是地球本身的紀錄史，記錄著透石膏所置身與遭遇的情境。這些紀錄也可能是由古代的魔法師與煉金術士，在他們生存遭受威脅的時刻，有意地投射與儲存的資料。

在那些黑暗的時代中，當他們被當成女巫燒死及當成異教徒驅逐，他們選擇將他們的知識、智慧、化學混合物及煉金術的祕密保存在透石膏水晶中，期待在未來能復原與讀取。他們相信在對的地點與時間，那個對的人將會意識到蘊藏在其中的寶藏，使心智與水晶調頻連繫，即能理解所記載的祕密。以此方式，這些白魔法的上師，能繼續提供教導給值得擁有這些訊息的學生，這些學生以他們自身直覺性的調頻連繫，贏得接受知識傳承的權利。

因為透石膏擁有記錄資訊的能力，它能被心智和諧同步的人們用來作為心電感應溝通。一人可發送特定的思想或訊息到水晶之中，第二個人則連繫水晶頻率並接收訊息。這種透過思想傳遞的未來主義溝通方式，能運用在資訊非對外公開或需加以保密的情況。以此種方式使用透石膏，能幫助個人發展直覺的心電感應力量。

為了能以此方式使用透石膏，水晶必須是特別地清澈通透，且必須在每次投射思想之後加以淨化。因為透石膏水晶包含發生於它們所在之處的事件影像，它們能運用在真實景況需要被還原與知曉的情形中。例如，在一件透石膏水晶的所在之處發生夜盜搶案，可與水晶連繫上，去發現犯案的盜匪為何人。

透石膏是礦物界一位重要的貢獻成員，能被用來作為試金石，來追求心智的清晰度與發展心電感應力量，亦能欣賞它與生俱來的美麗。

方鈉石

方鈉石是第三眼的喚醒者之一，能使心智準備好去接收內在的洞見與直覺性知識。方鈉石是密度最高與最基礎的深藍色礦石，能經由清理淨化心智而將深層的思緒帶引出，使心智運作良好。當心智平靜與凝定時，能獲得更偉大的洞察與理解。方鈉石提供心智在理性與智性上思考的能力，並達到邏輯性的結論。對那些具有過度敏感與反應傾向的人，這是一個非常好的礦石，因為它能穩定心智力量，使一個人能將情緒轉換至理性上。

這是一種美好的礦石，可用來隨身攜帶、握持、靜心，或放置於第三眼區域為個人自身或某個情境，求取智性上的理解。當心智呈現平衡，一個更偉大的知識被獲得時，即可能對生命擁有一個更偉大的洞見。

方鈉石幫助清理來自潛意識的舊有心智模式，為意識中的思想開闢路徑，而得以運行。這種礦石像似夜空中的深暗藍色，好比個人遨遊於心智的深處，有如在睡夢中般，繼而煥然一新的返回、醒來，且帶著更大的領悟與洞見。方鈉石上的白色條紋與斑點，象徵著靈性的光，會在個人心智已平衡時出現。

第六章

脈輪礦石對應圖表

占星學身心靈三位一體圖，是設計來協助個人傳導行星與相關星座的正向影響力與能量。如果在某人的占星圖上，出現強烈的運行星、四分相相位、三分相相位或相對相位，可佩帶及使用與那些行星、星座相關連的礦石，協助學習那些結合下所提供的課題。

如果在行星之間彼此形成四分相或相對相位，可以相同長度的時間，分別佩帶與每一個行星相關連的礦石，平衡影響力。

當三分相、六分相或合相發生時，可將相關連的礦石一起佩帶，使每一個行星的能量和諧運行。在嘗試連繫個別行星的效應與影響力時，可佩帶特定的礦石，將該能量引導進入你的生活中。

如果你沒有占星學方面的知識，可以佩帶或一起靜心的方式，來幫助你與那些礦石相關連的行星能量及影響力，取得更多連結。

占星學身心靈三位一體圖表

脈輪	行星影響	相關星座	色彩	礦石三位一體表現	功用
第一脈輪	冥王星	天蠍座	黑色	黑曜岩 Obsidian	喚醒沉睡中尚未顯化的潛能。
				煙水晶 Smokey Quartz	在地球上平衡靈性。
根基	火星	牡羊座	深紅色	血石 Bloodstone	身體承載器的淨化，補充能量。
第二脈輪	冥王星	天蠍座	紅色	石榴石 Garnet	創造力能量的利用。
				紅寶石 Ruby	將創造能量奉獻給自我的最高層面。
創造力	火星	牡羊座	橘色	紅玉髓 Carnelian	將能量落實於物質。
第三脈輪	太陽	獅子座	橘色	硫黃鑽石 Sulphur	創造物質的閃耀光芒。

肚臍			黃色	黃水晶 Citrine	發展自我紀律，在更高的覺知中生活。
				黃玉 Topaz	以自信表達創意力量。
太陽神經叢	土星	摩羯座	黃色	孔雀石 Malachite	情緒的責任與平衡。
			綠色	橄欖石 Peridot	身體的強化與新生。
				綠色電氣石 Green Tourmaline	強化身體以利用更大的靈性力量。
第四脈輪	較低八度音節	巨蟹座	過渡色調	菱錳礦 Rhodochrocite	能量的移送——心輪至臍輪。
心臟	月亮		寶石色	月光石 Moonstone	情緒的平衡。
				蛋白石 Opal	以意識意向來處理情緒。
	較高八度音節	金牛座	綠色	粉晶 Rose Quartz	發展自我之愛。
	金星	天秤座	粉紅色	紫鋰輝石 Kunzite	啟動與活化心輪。

				粉紅色電氣石 Pink turmaline	經由分享在生活中表達愛。
第五脈輪	較低八度音節	處女座	藍色	天河石 Amazonite	完美的個人表達。
	水星	雙子座		綠松石 Turquoise	溝通的清晰度。
				硅孔雀石 Chrysocholla	表達個人自身的真理。
喉嚨	較高八度音節			天青石 Celestite	使個人能校準連繫較高心智。
	天王星	水瓶座		海藍寶 Aquamarine	表達宇宙的真理。
				硅寶石 Gem-Silica	有意識地導向較高領域。
第六脈輪	較低八度音節	射手座	靛藍色	方鈉石 Sodolite	了解與宇宙的關係中的個人自我本質。
	木星			青金石 Lapis	穿透心智的幻象。
				藍銅礦 Azurite	融解有限制的思想概念。

第三眼	較高八度音節 雙魚座 海王星	紫色	舒俱徠石 Sugilite 螢石 Flourite 紫水晶 Amethyst	了解神聖目的。 洞見的利用。 臣服於最高自我的心智。
第七脈輪 頭頂	較高八度音節 金牛座 超越的冥王星	白色 透明	透石膏 Selenite 石英 Quartz 鑽石 Diamond	心智的清晰。 頂輪的啟動活化。 與個人自我永恆不朽的部分認同一致。

其他治療礦石概述

東菱石	Adventurlne	綠色	療癒心輪的綠色治療力量例證。
天河石	Amazonite	藍／綠色	個人表達的落實。
磷灰石	Apatite	黃色	增加溝通的流動。
藍紋瑪瑙	Blue Lace Agate		以和平與優美旋律的流動來表達。
方解石	Calcite	黃色	記憶，偉大的智性能力。
天青石	Celestite	淡藍色	使個人能連繫較高領域。
綠玉髓	Chrysoprase	綠色	去顯化地球層面的力量。
翠銅礦	Dioptase	綠色	心輪的新生與回復活力。
石榴石	Garnet	紅色	有益於促進血液流動。
象牙	Ivory		落實身體的自信。
蛋白石	Opal		以有意識意向來處理情緒。
縞瑪瑙	Onyx	黑色	海底輪的能量。
珍珠	Pear	棕色	與大地連結的基礎；情緒的平衡與穩定。
薔薇輝石	Rhodonite	粉紅／黑色	去實現個人的潛能。
硫磺鑽石	Sulphur	黃色	創造物質的光芒。
黃玉	Topaz	金色	有意識的連結與智慧的顯化。
綠松石	Turquoise		平衡情緒的表達。

水鉛鉛礦	Wulfenite	橘色	身體的能量補充與淨化。
綠柱（寶）石家族	Berul Family		
海藍寶	Aquamarine	藍色	表達宇宙的真理。
綠寶石變石	Heliodore	金色	使個人與較高自我的智慧連結。
粉紅綠寶石	Morganite	粉紅色	淨化與柔軟高姿態的心。
寶石家族	Gem Family		
紅寶石	Ruby		奉獻予神的創造性能量。
祖母綠	EMerald		強而有力的精微能量體治療。
藍寶石	Sapphire		開悟的直覺。
鑽石	Diamond		個人與永恆無盡大我的認同。
玉石家族	Jade Family		夢的礦石。
紅／金色	Red/Gold		經由夢來接收上師的教導。
淡紫	Lavender		夢的心靈力理解。
翡翠	Jadeite	淺亮色	經由夢釋放情緒。
帝王玉	IMperial	深色	發生在身體層次的預兆性的夢。

脈輪礦石色彩對應表

脈輪	身體部位	腺體	顏色	礦石	能量
第一脈輪 穆拉達脈輪	肛門 直腸 結腸	腎上腺	黑色 紅色	黑色電氣石 黑曜岩 黑色縞瑪瑙 煙水晶 血石 雄黃（雞冠石） 薔薇輝石 石榴石	落實靈性力量。 獲得在物質層面上愉快地工作的能力。
第二脈輪 史瓦迪斯坦脈輪	骨盆腔 生殖器官	卵巢 前列腺 睪丸	紅色 橘色	紅寶石 水鉛鉛礦 紅玉髓 黃水晶 琥珀	將創造力量運用於本體存在的所有層面。 高等靈魂的產生。 引導自身朝向奉獻之道。
第三脈輪 瑪尼普爾脈輪	腹腔 肚臍 消化器官	脾臟	橘色 黃色	黃水晶 黃玉 磷輝石 硫黃 方解石	經驗的吸收。 消化能力。 正向的使用個人力量。 顯化目標。

第四脈輪 阿那哈特脈輪	胸腔 心 肋骨 肺	胸腺	綠色 粉紅色	東菱石 橄欖石 孔雀石 祖母綠 翠銅礦 綠色電氣石 菱錳礦 粉晶 紫鋰輝石 粉紅綠寶石 粉紅電氣石	釋放壓抑的情緒創傷。 靈魂／心的覺察。 以行動表達愛。
第五脈輪 維蘇迪脈輪	喉嚨 聲音 脖子	甲狀腺 副甲狀腺	藍色	藍紋瑪瑙 天河石 天青石 硅孔雀石 綠松石 硅寶石 海藍寶	使有能力以言語表達。 經由口語的力量表達真理。
第六脈輪 阿格亞脈輪	第三眼 較高的腦部 中心	腦垂體	靛藍色 紫色	方鈉石 藍銅礦 青金石 藍寶石 螢石	靛藍色淨化潛意識，去傳導直覺。 紫色平衡心智狀態。

				舒俱徠石 紫水晶	以神聖的完美性看待所有的事物。 奉獻。
第七脈輪 薩哈拉脈輪	頂輪 最高的腦部中心	松果體	金色 白色	綠寶石變石 綠色黃玉 透石膏 白水晶 鑽石	個人與無盡的大我認同一致。 與神合一。 和平。 智慧。

礦石放置的主要脈輪點

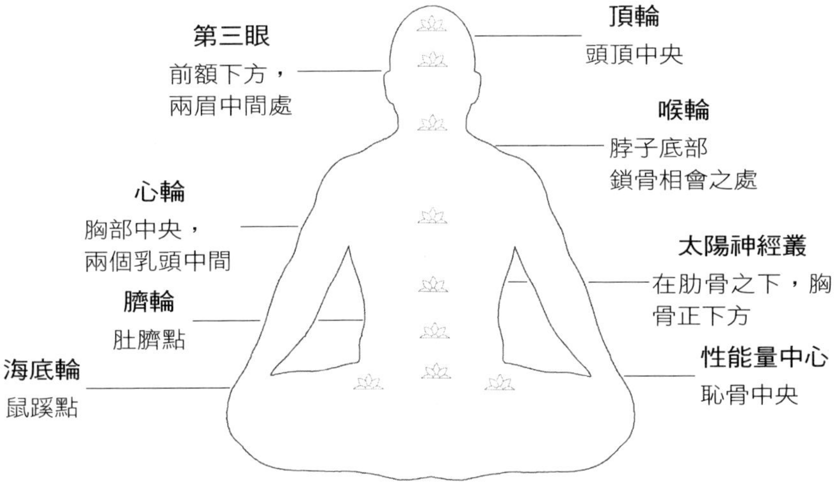
第三眼
前額下方，
兩眉中間處
頂輪
頭頂中央
喉輪
脖子底部
鎖骨相會之處
心輪
胸部中央，
兩個乳頭中間
太陽神經叢
在肋骨之下，胸
骨正下方
臍輪
肚臍點
性能量中心
恥骨中央
海底輪
鼠蹊點

辭彙解釋

能量場　Aura

環繞在生命體周圍的電磁能量場；靈魂透過身體所顯化出來的靈魂光能；人類身體周圍擴展的能量，會隨著身體、心智、情緒與靈魂健康的狀態，改變光芒閃耀的程度及顏色。

因果層／起因層　Causal Plane

思想最原始的層面，當純粹的靈性降低它的振動頻率，有創意地表達在想法的構成上；有意識地聯合及運用宇宙力量的思想。為物質顯化的心智藍圖。

脈輪　Chakra

人類身體中的能量中心，與多樣化的演化、意識、身體器官、腺體、顏色及礦石狀態有關連；七個主要身體能量中心的任何一個。

水晶　Crystals

天然的三度次元幾何形體，它的外形反映出內在完美的原子排列。構成水晶的微粒子之間的結合，能與宇宙和諧的共振著，如此將接通宇宙和諧的能量，並取用於治療或意識的演進上。水晶有能力反映出純粹的白光與色彩，並能以許多方式來傳導。

次元／空間象限　Dimention

實相的一種狀態；存在的一種程度；意識的領域；無盡數量的個別次元，彼此接續形成邁入下一個進化的基礎。

能量中心 Energy Center

人體中的某個區域，具有增強的生命力量，通常在神經叢、指壓穴點或脈輪上。

能量渦流 Energy Vortex

經由在脈輪中心上放置特定的礦石組合，或以任何方式使用水晶，來創造出一個有力量的漩渦能量流；一個以太層的打開狀態，去將宇宙力量傳導至地球層面。

以太，以太層，以太層次地 Either, Etheric Plane, Etherically

存在於更高次元的非物質實相；靈性的領域，居住著更神聖世系的存在體；與那些靈性的領域有關。

較高能量 Higher Energies

與靈魂、真理、愛與正向的力量有關。

大太陽系中心 Great Central Sun

具有全能與無限力量的光能永恆本源，存在於無盡宇宙的中心，並散放光芒至整個宇宙萬物的全景；創造永恆無盡宇宙的力量。

治療礦石 Healing Stone

任何天然的寶石級或半寶石級礦石、岩石或水晶，它們的治療特質被認知與使用來平衡，修復或維持身體、心智、情緒或靈性上的健康。

較高意識，較高心智，較高自我
Higher Consciousness, Higher Mind, Higher Self

與力量的源頭及自我內在的真理連繫與聯合一致；覺知的中立狀態，能與靈性之光認同一致，且經由思想、情感、言語及行動去有創意地彰顯靈性之光，來實現覺知的中立狀態。

較低意識，較低心智，較低自我

Lower Consciousness, Lower Mind, LoWer Self

尚未覺醒的靈魂品質與能量；存在於欲望未能滿足的狀態；完全自外在資源尋求成就感與實現；自我中心，只關心自身；消耗與沉溺放縱於感官的滿足與短暫無常的歡愉享樂中。

較低能量 LoWer Energies

有關於尚未演化的自我中心本質或負面力量。

礦物 Minerals

天然的化學元素或混合物，在大自然中產生並形成地球的外殼。

物質或地球層面 Material, Physical, or Earth Plane

宇宙萬有的某種層面，存在於慢速移動的時間與空間中，為幻象形式被創造出來的地方。

聖靈，聖靈存在體 Oversoul, Oversoul Being

那些存在於以太層的存在體，並能調準與連繫靈性之光的源頭；那些在個人及行星的演化過程中，提供協助而無實體的指導靈與朋友；先進的存在體，為最早存在於地球上，並繁衍後代種族；組成淨光兄弟聖團的存在體。

寶石 Precious Stone

多重色彩的結晶寶石，通常呈現透明及有能力反映出高單位的光與色彩的純淨光束；在嘗試去影響或治療精微能量體時，是效果最佳的礦石；如紅寶石、祖母綠、鑽石、藍寶石、海藍寶、黃玉等等。

層面（界） Plane

存在的一種程度，意識的領域；實相中的一個次元（空間象限）。

雷射化 Radiated

水晶暴露於大量X光的過程，將更改分子組成結構，並改變顏色的天然形式；例如將白水晶雷射處理製成煙水晶。

半寶石 Semi-Precious Stones

任何數量的多重色彩礦石，通常是不具清澈、透光、透明性的；這些礦石所反映出的顏色或能量，適用於嘗試去影響或治療身體、潛意識或情緒失衡時；如綠松石、青金石、瑪瑙、孔雀石等等。

靈魂　Soul

存在於每一個個人內在的永恆無盡的靈性閃耀火光；其握有進入終極真理與力量的鑰匙；宇宙力量的獨特人格化態樣。

靈性　Spirit

無所不在的智慧生命力量，構成與創造所有顯化與未顯化的實相狀態；永恆存在，不變與真實的宇宙力量；遍及宇宙萬物的共同起源；生命的火花、光、真理與其上所有的源頭。

星星小孩　Star Children

那些來自於其他星球與銀河系的存在體，在地球上的轉世化身；這些光能工作者，是來教導宇宙的較高法則與定律。

精微能量體 Subtle Bodies

人類存在體的那些非身體的卻又真實的層面；那些更精緻與以太品質的層面；心智體、以太體、星光體、靈魂體等等。

尖端 Terminate, Terminated

達到一個點上；在尖峰上達到完整；當水晶的菱面交會在一起而形成頂端的尖峰。

降靈存在體 Walk-Ins

一個先進的靈魂，將它的身分轉換進入一位成人的身體，先前存在於該身體上的靈魂居住者不再希望占據該身體；一位進化的存在體，它的目的是去教導與分享靈性之光。

感謝

隆恩．潘卓剛（Ron Pendragon）——中文版封面與內頁水晶的攝影師
琳達．寶兒（Linda Bauer），凱莉．麥特森（Kelly Mattsson）——英文版打字
凱文．布拉尼（Kevin Braheny）——封底模特兒
珍安．道（JaneAnn Dow）——共同研究，支持，鼓勵
蓋瑞．佛雷克（Gary Fleck）——硅孔雀石及孔雀石詩文提供
阿南達．辛格．開爾薩（Anand Singh Khalsa）——封底相片攝影
瑞帕．開爾薩（Rapa H. S. Khalsa）——愛與支持
班．萊文（Ben Levine），希林．史圖斯（Shirin Strauss）——英文版編輯
查爾斯．麥辛吉（Charles Meidzinski）——顧問與資料提供
奧利歐（獵戶座）（ORION）——本書資料來源
莎南達．拉（Sananda Ra）——啟發

◆感謝◆

艾瑞克・史都華克・盧貝（Eric Starwalker Rubel）——占星學顧問

芭芭拉・莎曼菲德（Barbara Somerfield）——進入我的生活中並使本書成真

周承進（Chris Chow）——感謝他身為水晶學院老師的貢獻與協助本書發行

鄭婷玫——感謝她以愛與承諾完成中文翻譯

黃寶敏——生命潛能出版社總編輯，感謝她清晰的溝通與明朗敞開的心

心靈成長系列93

水晶光能啓蒙──礦石是你蛻變與轉化的資產

原著書名／Crystal Enlightenment：The Transforming Properties of Crystals and Healing Stones
作　　者／卡崔娜．拉斐爾 Katrina Raphaell
譯　　者／鄭婷玫
執行編輯／王美智
總 編 輯／黃寶敏
行銷經理／陳伯文
發 行 人／許宜銘
出版發行／生命潛能文化事業有限公司
聯絡地址／台北市信義區(110)和平東路三段509巷7弄3號1樓
聯絡電話／(02)2378-3399　傳　　真／(02)2378-0011
網　　址／http://www.tgblife.com.tw
E-mail／tgblife@ms27.hinet.net
郵政劃撥／17073315（戶名：生命潛能文化事業有限公司）
郵購九折，郵資單本50元、2-9本80元、10本以上免郵資

總 經 銷／吳氏圖書有限公司．電話／(02)3234-0036
內文排版／普林特斯資訊有限公司．電話／(02)8226-9696
印　　刷／承峰美術印刷．電話／(02)2225-7055

2006年4月初版
定價：250元
ISBN: 986-7349-24-5

國家圖書館出版品預行編目資料

水晶光能啓蒙：礦石是你蛻變與轉化的資產
／卡崔娜．拉斐爾(Katrina Raphaell)作；
鄭婷玫譯. -- 初版. --臺北市：生命潛能
文化, 2006〔民95〕
面；　公分. --（心靈成長系列；93）
譯自：Crystal enlightenment：the
transforming properties of crystals and
healing stones
ISBN 986-7349-24-5（平裝）

1. 超心理學 2. 水晶 3. 寶石

175.9　　95002040